FastTrack™
INTRODUCCIÓN A LA MÚSICA

Acordes y escalas para guitarra

por Blake Neely y Jeff Schroedl

Para acceder el audio por favor visitar:
www.halleonard.com/mylibrary

6935-2233-5541-9023

HAL•LEONARD®
CORPORATION

7777 W. BLUEMOUND RD. P.O. BOX 13819 MILWAUKEE, WI 53213

Visite Hal Leonard en línea en:
www.halleonard.com

INTRODUCCIÓN

Por qué compraste este libro...

Hola nuevamente. Decimos "nuevamente" porque asumimos que ya has leído Guitarra **1** y **2** **FastTrack.** (como mínimo, el Libro 1). Si es así, ¡excelente! **Has tomado la decisión de continuar aprendiendo tu instrumento y estás listo para este libro complementario.**

Este libro brinda cinco cosas importantes:

 Teoría básica sobre los acordes de la guitarra

 Índice de búsqueda fácil sobre 1.400 acordes y sonoridades diferentes

 Teoría básica sobre escalas y modos

 Patrones para 8 escalas y 7 modos

 "Improvisación de jazz" especial con la introducción del uso de acordes y escalas

IMPORTANTE: este es un libro de referencia (se parece a un diccionario) y no debería tomarse como un libro instructivo para aprender guitarra. Una vez dicho esto, revisa Guitarra **1** y **2** **FastTrack (o al menos finje hacerlo, así dejaremos de insistir).**

Recuerda: si te duelen los dedos, toma un descanso. Algunos de estos acordes y escalas necesitaron de un estiramiento importante. Con práctica y paciencia, puedes aprenderlos todos (y evitar calambres).

Entonces, cuando estés listo, afina, cruje tus nudillos y ponte a aprender algunos acordes y escalas...

ACERCA DEL AUDIO

Qué bueno que notaste el bonus extra: Audio! Cada una de las canciones en la sección de de jazz" está incluida en el audio, para que puedes escuchar cómo suenan y tocar junto. Escucha cuando veas este símbolo: 🔊

DÓNDE ENCONTRAR LAS COSAS

VAMOS A METERNOS EN EL TEMA

¿Qué es un acorde?

Un acorde se define como tres o más notas que se tocan a la misma vez. Los acordes brindan la **armonía** que sustenta la melodía de una canción.

A veces los acordes están indicados mediante **cifrado de acorde**, escritos (generalmente) sobre el pentagrama musical. Un cifrado de acorde es simplemente la abreviatura del nombre de ese acorde. Por ejemplo, el cifrado para el acorde **Fa-sostenido menor siete** sería **Fa♯m7**.

Organicémonos...

Un cifrado de acorde nos dice dos cosas acerca del acorde—**fundamental** y **tipo**:

1. La **fundamental** da nombre al acorde. Por ejemplo, la fundamental de un acorde Do es la nota Do(¡facilísimo!). Al contrario como sucede en los árboles, la fundamental no siempre está en la base del acorde. Nota la diferencia entre estos dos tipos de acorde Do:

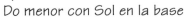

Do mayor con Do en la base   Do menor con Sol en la base

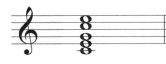 

2. El tipo de **acorde** está indicado por un **sufijo** (m, 7, sus, maj9). Existen muchos tipos de acordes y sufijos, pero no hay que entrar en pánico; con un poco de práctica son fáciles de reconocer. Este libro agrupa todos los acordes por su tipo, así que ten esta lista a mano:

Sufijo	Tipo de acorde	Sufijo	Tipo de acorde
sin sufijo	mayor	m7, min7, -7	séptima menor
m, min, -	menor	m(maj7), m(+7)	menor, séptima mayor
+, aug, (♯5)	aumentado	maj7(♭5), maj7(-5)	séptima mayor, quinta bemol
sus4, sus	cuarta suspendida	m7(♭5), m7(-5)	séptima menor, quinta bemol
(add9)	novena agregada	+7, 7(♯5)	séptima aumentada
m(add9)	novena agregada menor	7(♭5), 7(-5)	séptima, quinta bemol
5, (no3)	quinta (también conocida como "acorde de poder")	7(♭9), 7(-9)	séptima, novena bemol
6	sexta	7(♯9), 7♯9	séptima, novena sostenida
m6, -6	sexta menor	+7(♭9)	séptima aumentada, novena bemol
6/9	sexta, novena agregada	9	novena
m6/9	sexta menor, novena agregada	maj9, M9	novena mayor
7, dom7	séptima	m9, min9	novena menor
°7, dim7, dim	séptima disminuida	11	undécima
7sus4, 7sus	séptima, cuarta suspendida	m11, min11	undécima menor
maj7, M7	séptima mayor	13	decimotercera

Por supuesto, puedes encontrarte con otros tipos de acordes de vez en cuando, pero los que están listados más arriba son los más comunes.

CÓMO CONSTRUIR ACORDES

(...¡y no necesitas un martillo!)

Los acordes se forman a partir de "bloques para armar" simples llamados **intervalos**. Un intervalo es la distancia entre dos notas. Echemos un vistazo a los intervalos básicos, usando Do como fundamental:

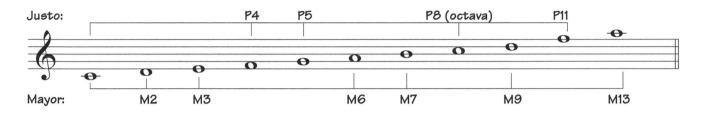

Observa que estos intervalos están divididos en dos grupos: **mayor (M)** y **justo (P)**. FÁCIL DE RECORDAR: las 4tas, 5tas, octavas y 11mas son justas; el resto de los intervalos son mayores.

Todo es relativo...

Los intervalos aparecen en muchas formas y tamaños, pero sólo en cinco categorías: **mayor, menor, justo, aumentado** y **disminuido**.

Así se relacionan las categorías:

Un intervalo **mayor** descendido
medio tono es igual a un intervalo **menor**.

Un intervalo **mayor** o **justo** elevado
medio tono es igual a un intervalo **aumentado**.

Un intervalo **justo** descendido
medio tono es igual a un intervalo **disminuido**.

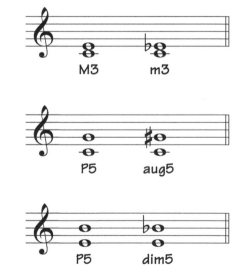

Un **tipo** de intervalo se determina por el número de **tonos** entre dos notas.

 RECORDATORIO ÚTIL: en tu guitarra (o en la de cualquier persona), de un traste al siguiente iguala medio tono; dos trastes aparte igualan un tono completo.

Revisa el siguiente gráfico y aprende todos los tipos de intervalos...

Intervalo	Abreviatura	Tonos	Tonos	Intervalo	Abreviatura	Tonos	Tonos
unísono	unis	ninguno		sexta mayor	M6	4 1/2	
segunda menor	m2	medio		sexta aumentada*	aug6	5	
segunda mayor	M2	completo		séptima menor*	m7	5	
segunda aumentada*	aug2	1 1/2		séptima mayor	M7	5 1/2	
tercera menor *	m3	1 1/2		octava justa	P8	6	
tercera mayor	M3	2		novena menor	m9	6 1/2	
cuarta justa	P4	2 1/2		novena mayor	M9	7	
cuarta aumentada*	aug4	3		novena aumentada	aug9	7 1/2	
quinta disminuida*	dim5	3		undécima justa	P11	8 1/2	
quinta justa	P5	3 1/2		undécima aumentada	aug11	9	
quinta aumentada*	aug5	4		decimotercera menor	m13	10 1/2	
sexta menor*	m6	4		decimotercera mayor	M13	11	

* NOTA: como sucede con los sostenidos y los bemoles, algunos intervalos pueden sonar iguales pero estar escritos de dos maneras distintas (por ejemplo, aug4 y dim5). Las notas e intervalos que suenan igual pero se escriben diferente se llaman **equivalentes enarmónicos**.

Un paso más adelante...

Construir acordes es fácil: simplemente agrega intervalos a la fundamental. El tipo de intervalos usados determina el tipo de acorde que se forma. Comencemos por aprender algunos acordes básicos de tres notas formados sobre una fundamental Do:

Los acordes **mayores** contienen un M3 y un P5 en la fundamental.

Los acordes **menores** contienen un m3 y un P5 en la fundamental.

Una vez que te hayas familiarizado con los tipos básicos de acordes, se pueden construir miles de otros acordes mediante la adición, sustracción, aumento o disminución de intervalos.

CÓMO FORMAR UNA ESCALA

Las notas de un acorde también se pueden determinar con la asignación de una **fórmula** numérica, que indique los tonos usados a partir de una escala mayor. Por ejemplo, basado en la escala mayor de V, 1-♭3-5 significaría tocar la fundamental (V), una tercera disminuida (Mi♭), y la quinta (Sol), ¡un acorde Do menor!

La tabla que aparece a continuación es un resumen de construcción de los tipos de acordes en este libro (solamente basados en la clave de Do):

ESCALA MAYOR DE C = Do-Re-Mi-Fa-Sol-La-Si-Do

(1   2   3   4   5   6   7   1)

Tipo de acorde	Fórmula	Nombres de las notas	Nombres de los acordes
mayor	1-3-5	Do-Mi-Sol	Do
menor	1-♭3-5	Do-Mi♭-Sol	Dom
aumentado	1-3-♯5	Do-Mi-Sol♯	Do+
cuarta suspendida	1-4-5	Do-Fa-Sol	Dosus4
novena agregada	1-3-5-9	Do-Mi-Sol-Re	Doadd9
novena agregada menor	1-♭3-5-9	Do-Mi♭-Sol-Re	Dom(add9)
quinta	1-5	Do-Sol	Do5
sexta	1-3-5-6	Do-Mi-Sol-La	Do6
sexta menor	1-♭3-5-6	Do-Mi♭-Sol-La	Dom6
sexta, novena agregada	1-3-5-6-9	Do-Mi-Sol-La-Re	Do6/9
sexta menor, novena agregada	1-♭3-5-6-9	Do-Mi♭-Sol-La-Re	Dom6/9
séptima	1-3-5-♭7	Do-Mi-Sol-Si♭	Do7
séptima disminuida	1-♭3-♭5-♭♭7	Do-Mi♭-Sol♭-Si♭	Do°7
séptima, cuarta suspendida	1-4-5-♭7	Do-Fa-Sol-Si♭	Do7sus4
séptima mayor	1-3-5-7	Do-Mi-Sol-Si	Domaj7
séptima menor	1-♭3-5-♭7	Do-Mi♭-Sol-Si♭	Dom7
menor, séptima mayor	1-♭3-5-7	Do-Mi♭-Sol-Si	Dom(maj7)
séptima mayor, quinta bemol	1-3-♭5-7	Do-Mi-Sol♭-Si	Domaj7(♭5)
séptima menor, quinta bemol	1-♭3-♭5-♭7	Do-Mi♭-Sol♭-Si♭	Dom7(♭5)
séptima aumentada	1-3-♯5-♭7	Do-Mi-Sol♯-Si♭	Do+7
séptima, quinta bemol	1-3-♭5-♭7	Do-Mi-Sol♭-Si♭	Do7(♭5)
séptima, novena bemol	1-3-5-♭7-♭9	Do-Mi-Sol-Si♭-Re♭	Do7(♭9)
séptima, novena sostenida	1-3-5-♭7-♯9	Do-Mi-Sol-Si♭-Re♯	Do7(♯9)
séptima aumentada, novena bemol	1-3-♯5-♭7-♭9	Do-Mi-Sol♯-Si♭-Re♭	Do+7(♭9)
novena	1-3-5-♭7-9	Do-Mi-Sol-Si♭-Re	Do9
novena mayor	1-3-5-7-9	Do-Mi-Sol-Si-Re	Domaj9
novena menor	1-♭3-5-♭7-9	Do-Mi♭-Sol-Si♭-Re	Dom9
undécima	1-3-5-♭7-9-11	Do-Mi-Sol-Si♭-Re-Fa	Do11
undécima menor	1-♭3-5-♭7-9-11	Do-Mi♭-Sol-Si♭-Re-Fa	Dom11
decimotercera	1-3-5-♭7-9-11-13	Do-Mi-Sol-Si♭-Re-Fa-La	Do13

☞ NOTA: debido a que la guitarra solamente tiene seis cuerdas, a veces algunas notas deben quedar afuera. Asimismo, a veces algunas notas se "doblan" (se tocan dos veces). En general, la quinta y la fundamental son las dos primeras notas que se omiten cuando es necesario.

CÓMO ELEGIR LA MEJOR SONORIDAD

Cada acorde puede tener muchas diferentes **sonoridades.** Una sonoridad es el mismo acorde pero con una nueva disposición de las notas (lo cual significa que también tendrás que reacomodar la mano y la posición de los dedos). Para cada acorde individual, este libro te brinda **cuatro** sonoridades para elegir…¡de nada!

Decisiones, decisiones...

Aunque (en teoría) puedes usar cualquiera de las cuatro sonoridades en cualquier situación, cada grupo sugiere una función especializada. La ubicación, dificultad, tamaño y estilo musical pretendido de un acorde contribuyen a su determinación. Aquí te mostramos cómo se eligieron cada una de las cuatro sonoridades y cómo deberían utilizarse:

Sonoridad n° 1

El diagrama superior es la sonoridad de **posición superior** más común. También es el más adecuado para el rasgueo.

Sonoridad n° 2

Este diagrama siempre te brinda una sonoridad conveniente para "todo tipo de uso", que puede usarse en la mayoría de los escenarios musicales.

Sonoridad n° 3

Aquí encontrarás otra buena sonoridad para "todo tipo de uso". Sin embargo, esta sonoridad a menudo es una forma de **arreglo roto**, lo que significa que el acorde contiene una nota de bajo inferior y dos o tres notas en cuerdas más altas con al menos una cuerda "interior" omitida. Funciona mejor en los estilos de jazz o blues como un bonito acorde de **comping** (otra palabra para "acompañar").

> NOTA: no todas las terceras sonoridades se muestran como acordes rotos. Para aquellos que sí están rotos, sin embargo, puntéalos con los dedos (en lugar de usar la púa) y simula un sonido como el del piano. Asegúrate de "enmudecer" las cuerdas omitidas.

Sonoridad n° 4

Las sonoridades **cerradas** (o **grupo adyacente** de acordes) se usan para el cuarto grupo. Estas a menudo aparecen "hacia arriba del cuello" y funcionan muy bien para los estilos de jazz, blues y rock. Debido a la falta de una nota de bajo inferior, estas sonoridades producen un sonido más fino, menos lleno. Pero esto no es (necesariamente) malo, especialmente cuando se toca con otros guitarristas o como complemento para el bajista.

¡Muy bien!

No te abrumes demasiado con toda esta cuestión de la "teoría". Sólo busca los acordes que necesitas y aprende a tocarlos. Caramba, crea tus propios acordes; si suenan bien, ¡tócalos! Si encuentras un tipo de acorde que no aparece en este libro (y, de hecho, lo harás), forma el acorde con los intervalos nombrados en el sufijo, o bien redúcelo a un acorde más común de séptima o novena.

Por si acaso...

Aquí va una recordatorio de cómo leer las nuevas marcas de los diagramas del diapasón en este libro:

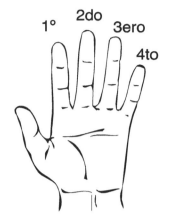

Piensa que los dedos de tu mano izquierda tienen un número del 1 al 4.

Las **x** sobre la cuadrícula te indican cómo evitar rasguear esa cuerda.

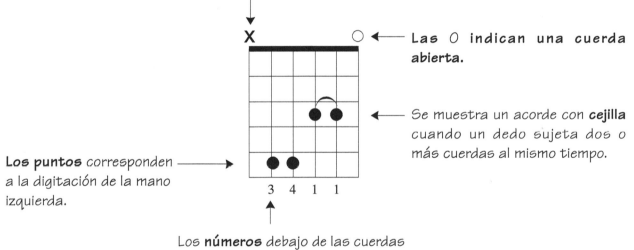

Las 0 indican una cuerda abierta.

Se muestra un acorde con **cejilla** cuando un dedo sujeta dos o más cuerdas al mismo tiempo.

Los puntos corresponden a la digitación de la mano izquierda.

Los **números** debajo de las cuerdas te indican qué dedo usar en esa cuerda.

NOTA: los **números de traste** ("5° traste") pueden aparecer a la derecha del primer traste en algunos diagramas de acordes. Esto te indica que debes deslizar la mano hacia el traste adecuado, colocar los dedos y rasguear. Si no se muestra ningún número de traste (o ves una línea gruesa en la parte de arriba del diagrama), tu mano debería ubicarse por el traste 1, cerca de la **clavija**.

ACORDES

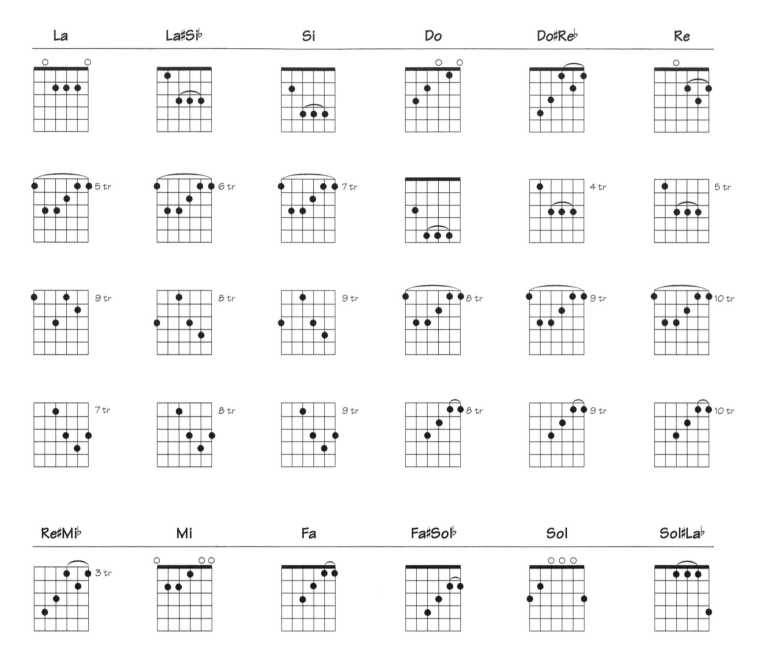

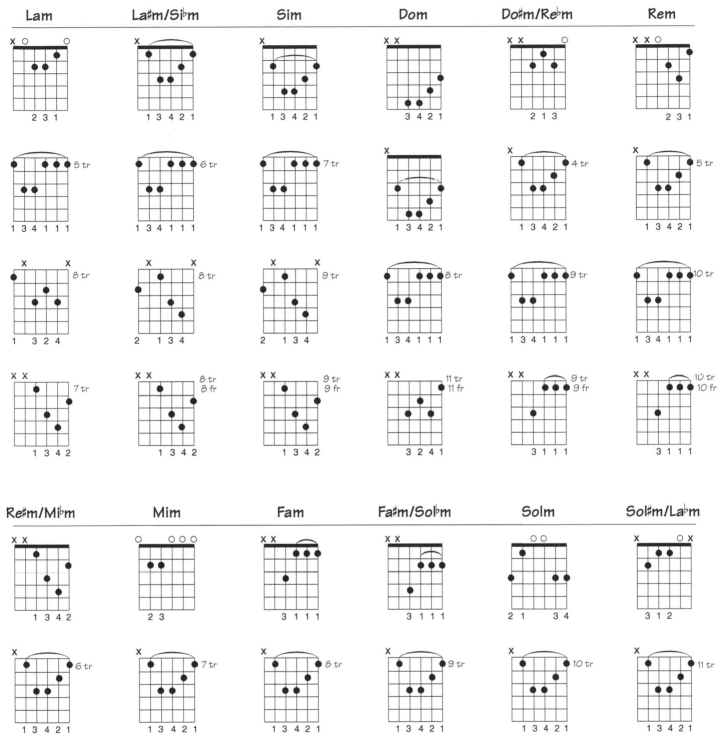

Aumentada

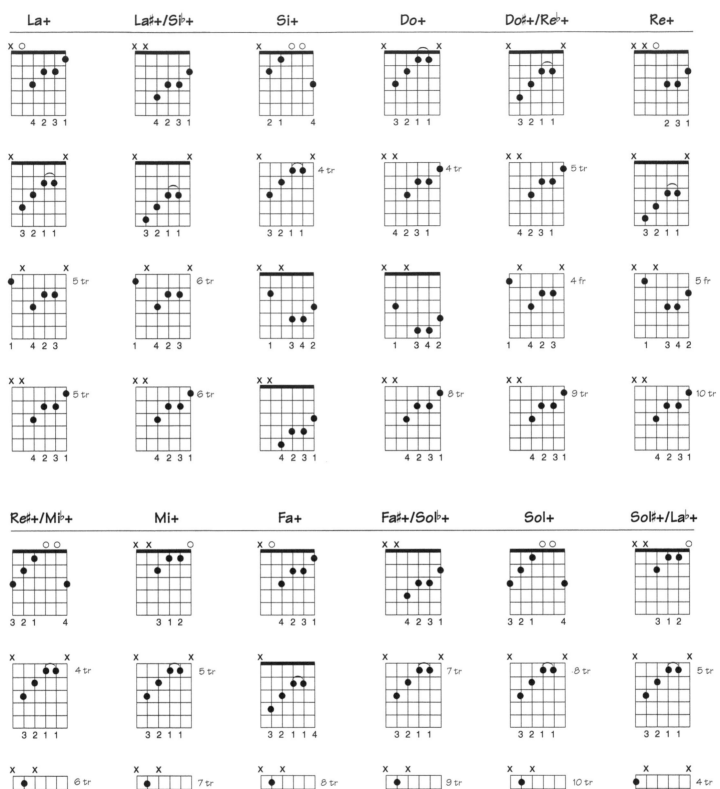

14

Cuarta suspendida

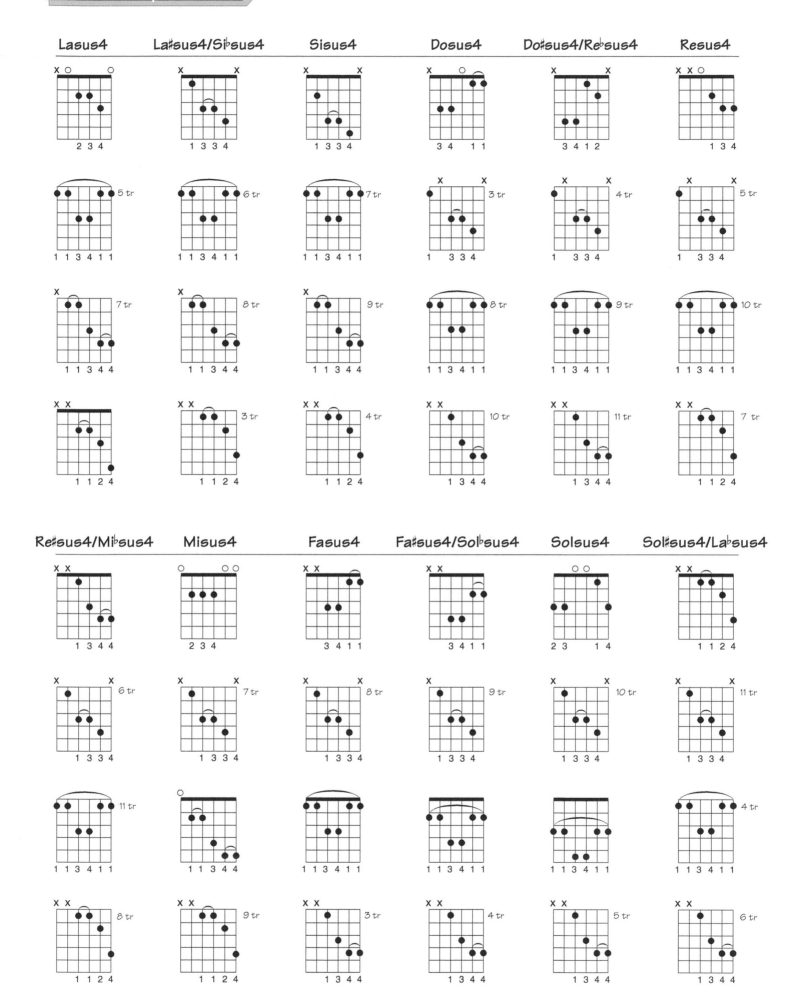

Novena agregada

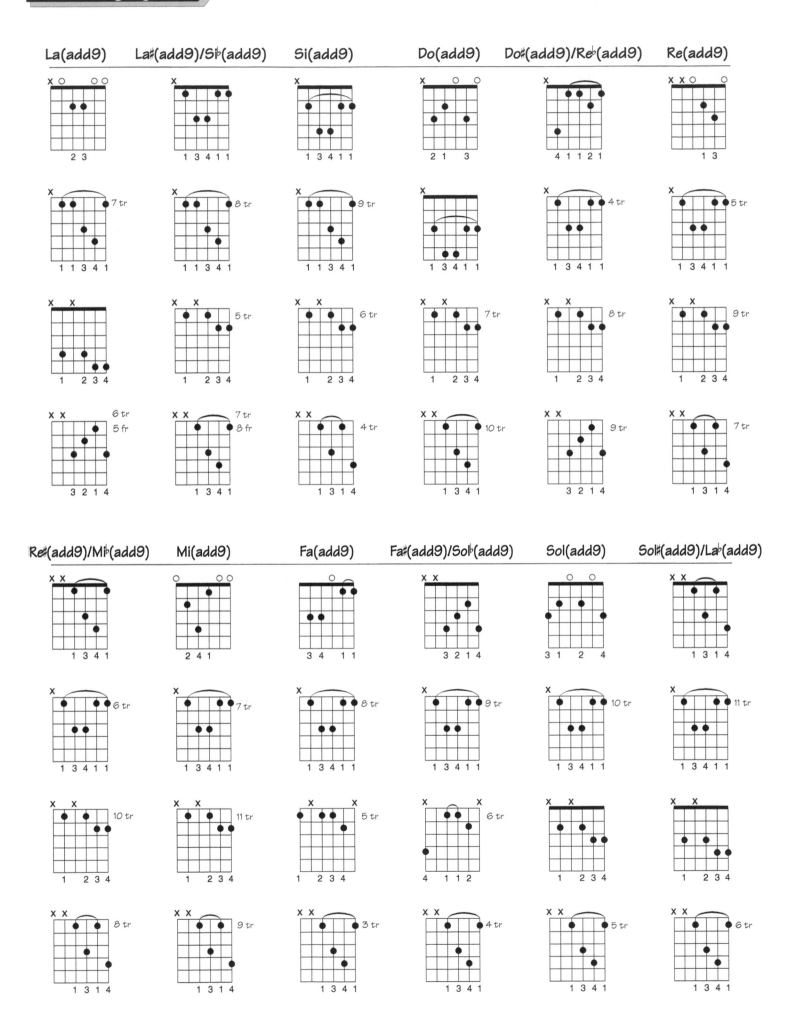

Novena agregada menor

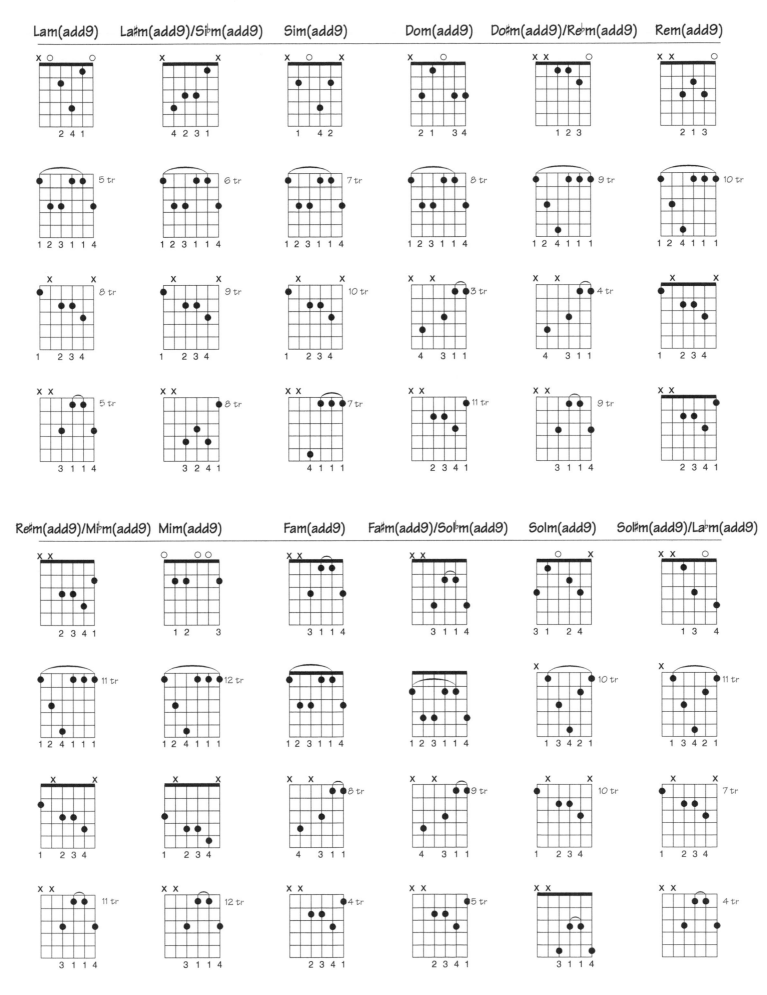

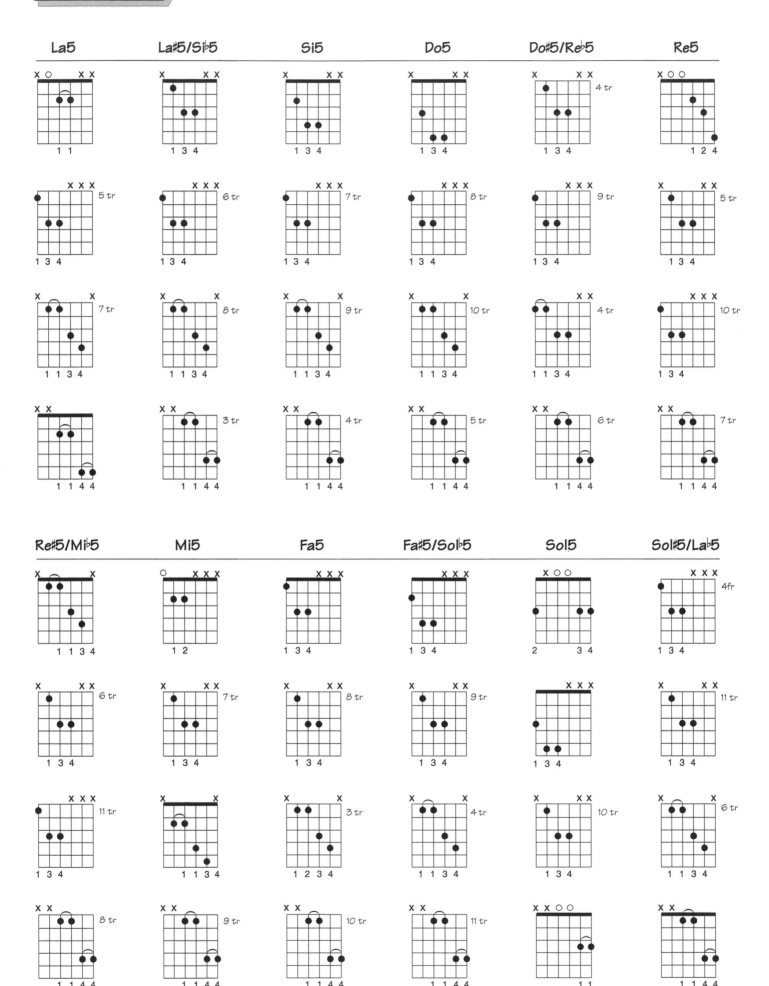

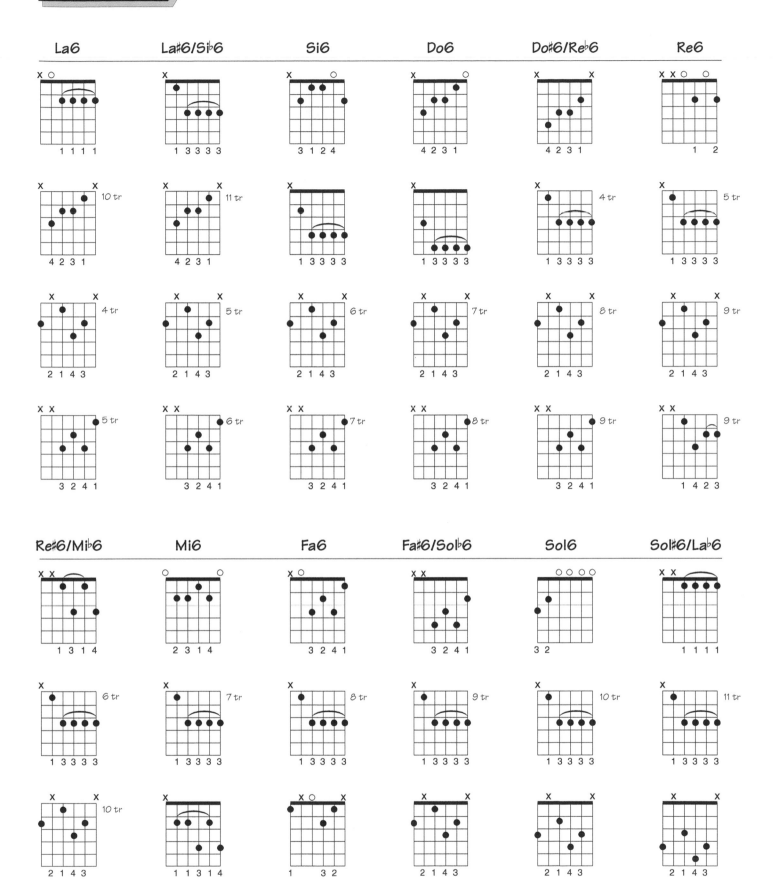

Sexta menor

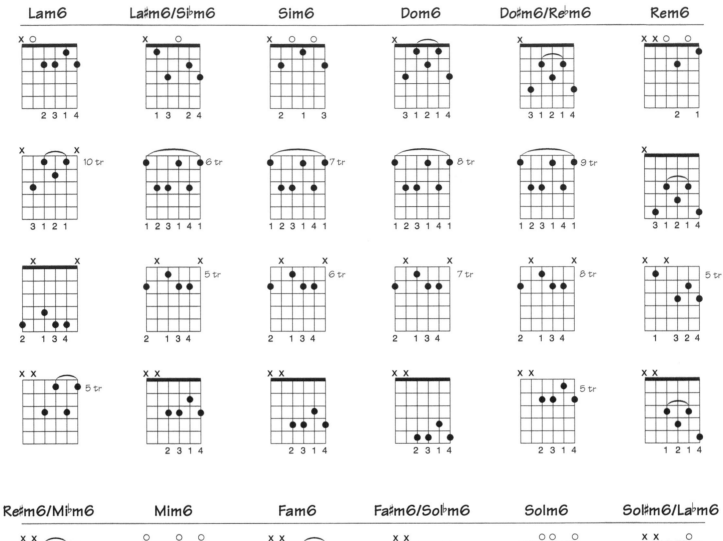

Lam6

La#m6/Si♭m6

Sim6

Dom6

Do#m6/Re♭m6

Rem6

Re#m6/Mi♭m6

Mim6

Fam6

Fa#m6/Sol♭m6

Solm6

Sol#m6/La♭m6

Sexta, novena agregada

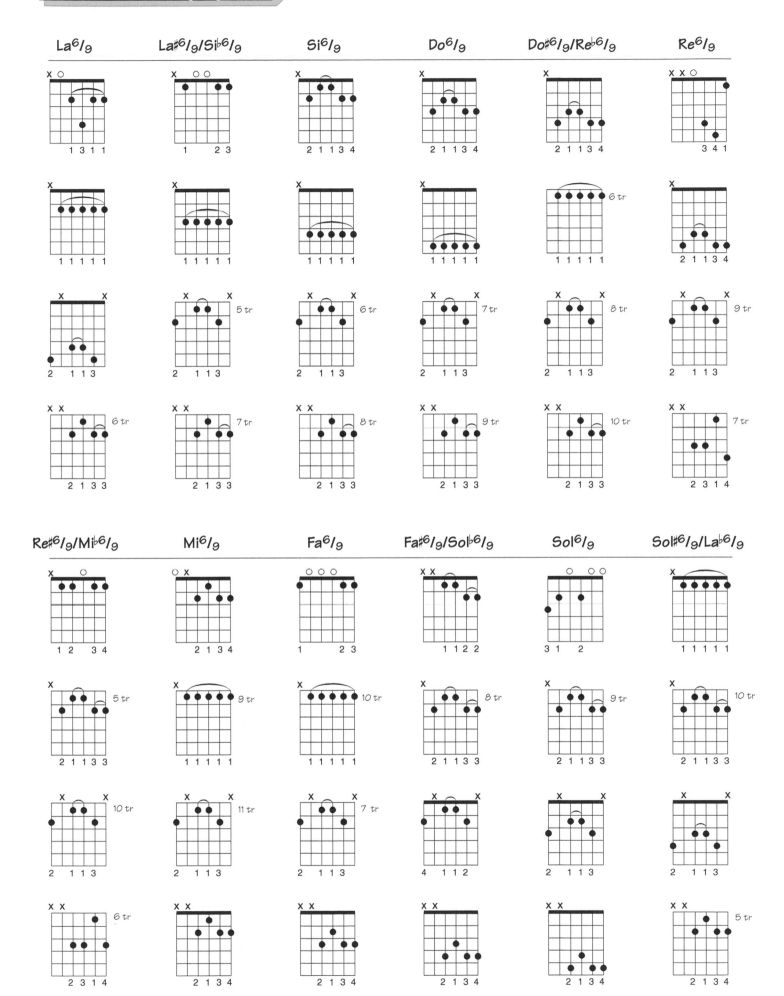

La⁶/₉

La#⁶/₉/Si♭⁶/₉

Si⁶/₉

Do⁶/₉

Do#⁶/₉/Re♭⁶/₉

Re⁶/₉

Re#⁶/₉/Mi♭⁶/₉

Mi⁶/₉

Fa⁶/₉

Fa#⁶/₉/Sol♭⁶/₉

Sol⁶/₉

Sol#⁶/₉/La♭⁶/₉

Sexta menor, novena agregada

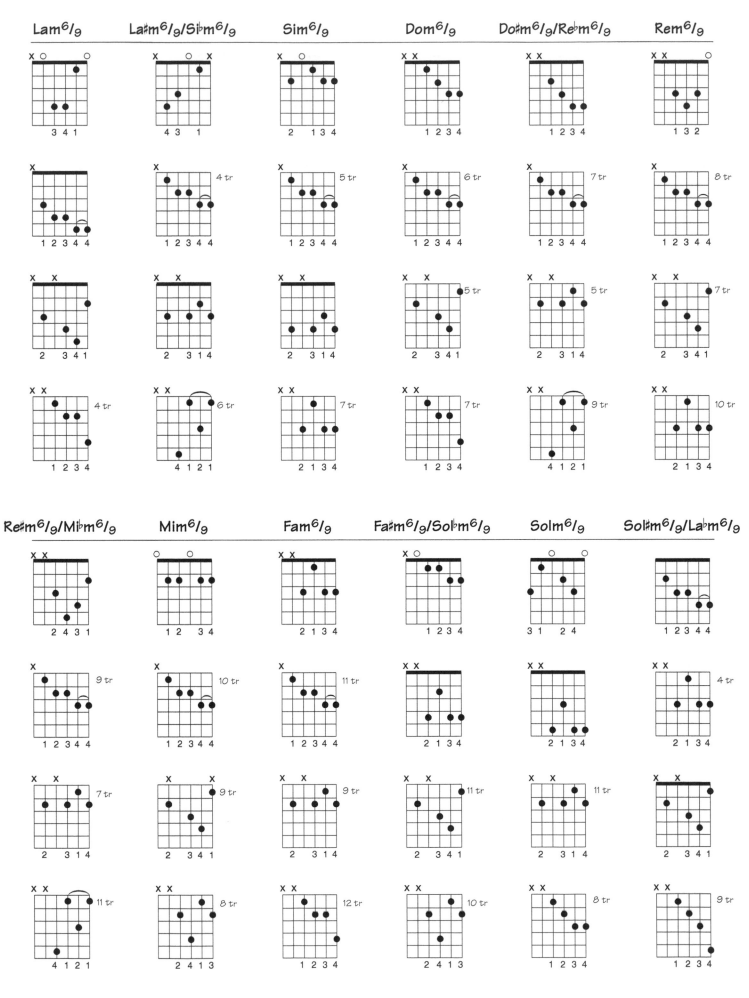

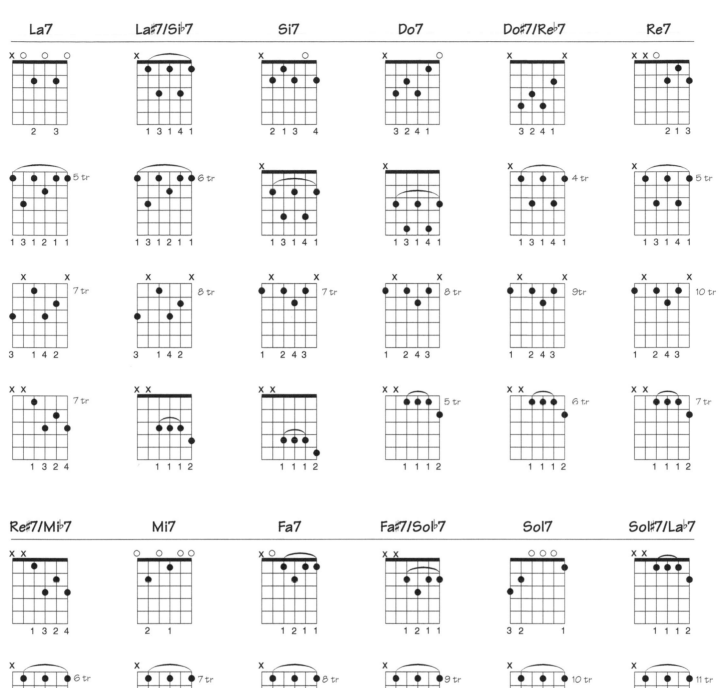

La7   La#7/Si♭7   Si7   Do7   Do#7/Re♭7   Re7

Re#7/Mi♭7   Mi7   Fa7   Fa#7/Sol♭7   Sol7   Sol#7/La♭7

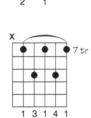

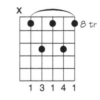
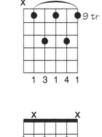
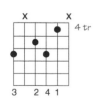
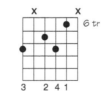
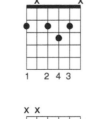

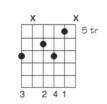
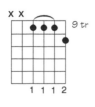
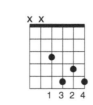

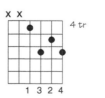
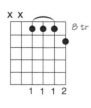
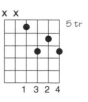

Séptima disminuida

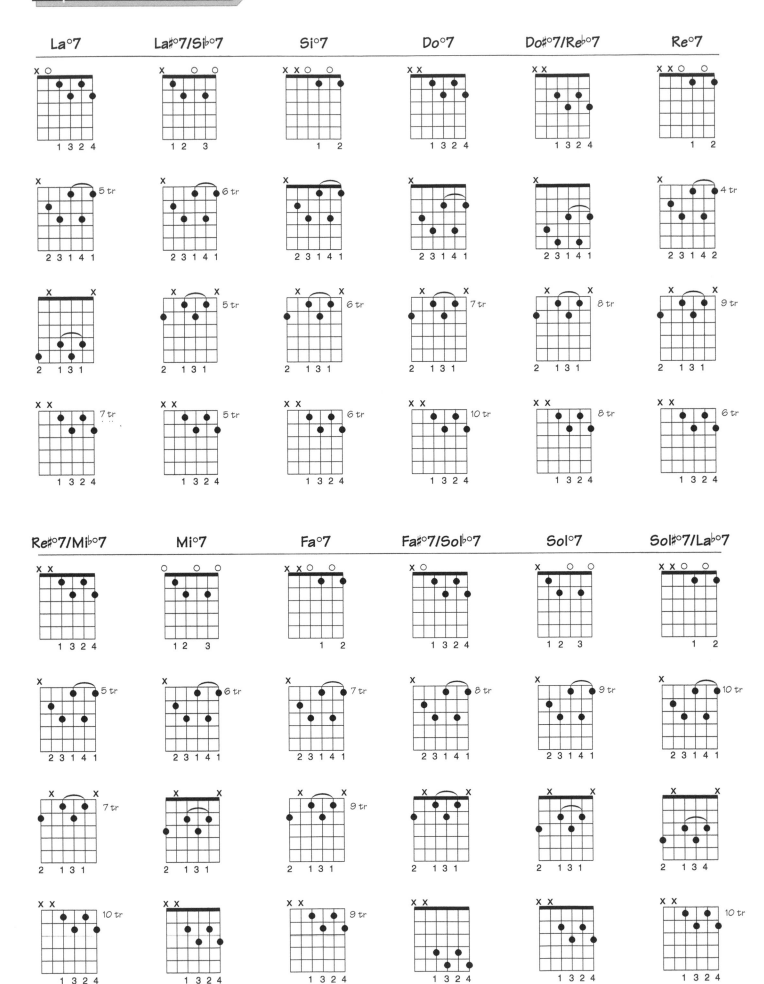

Séptima, cuarta suspendida

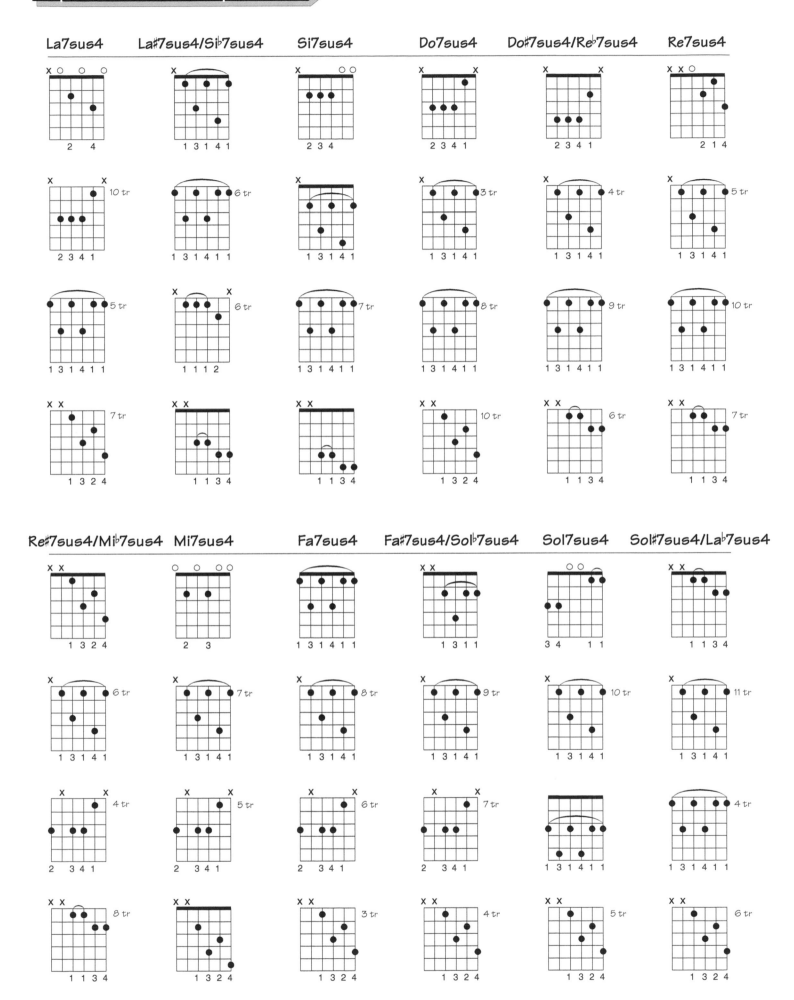

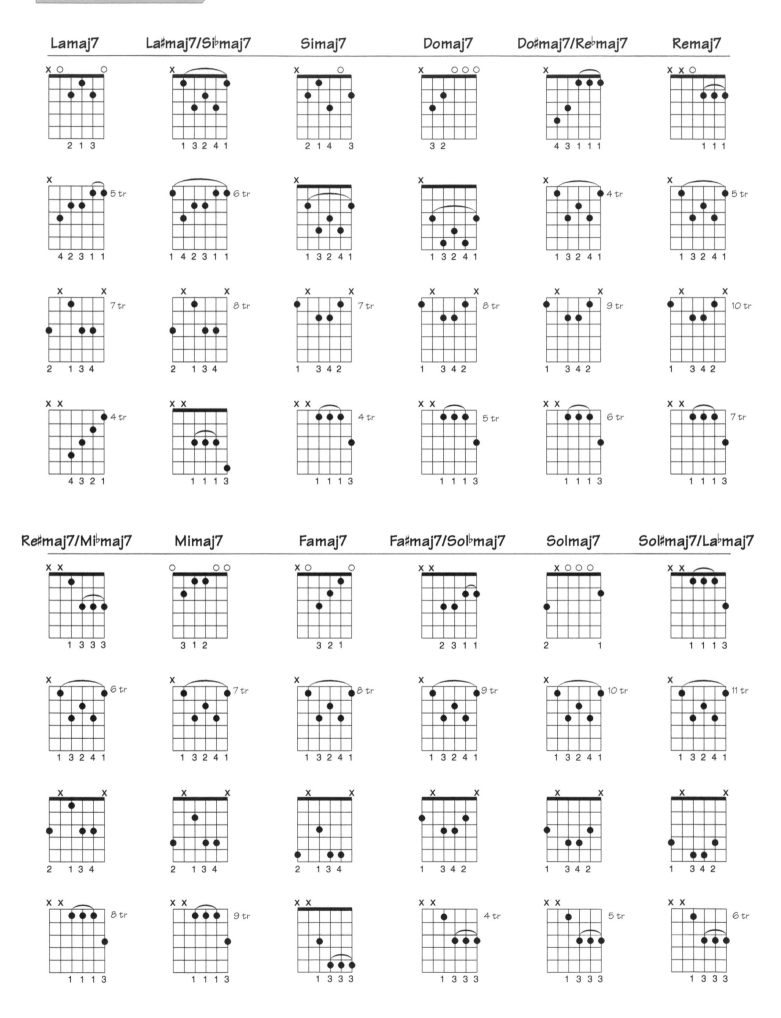

Séptima menor

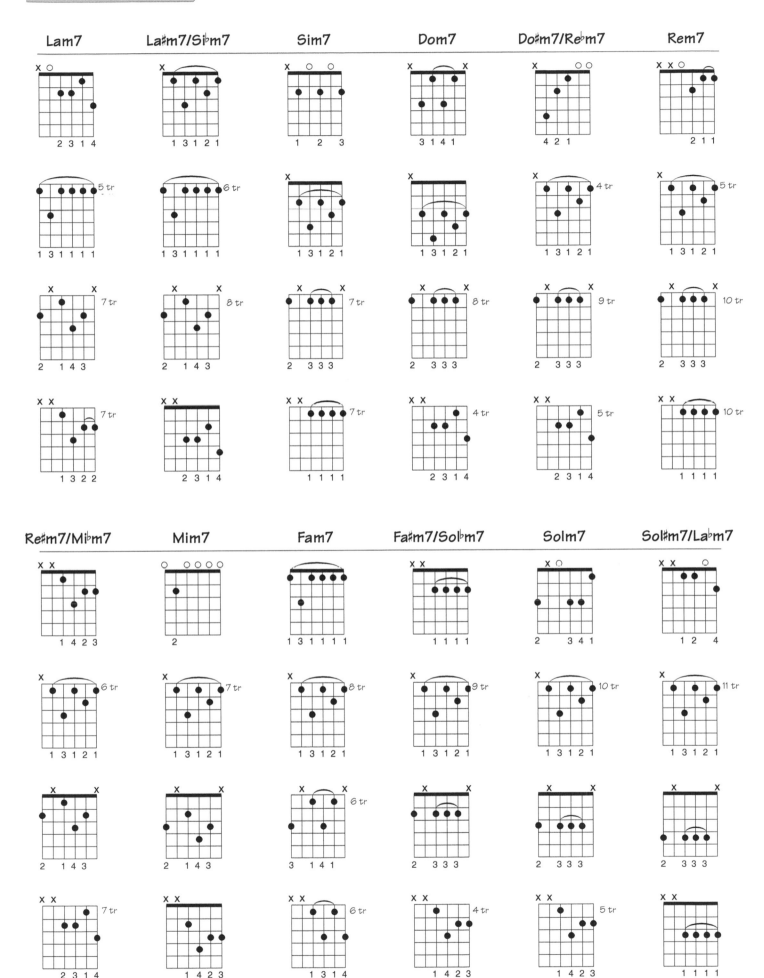

Lam7   La#m7/Si♭m7   Sim7   Dom7   Do#m7/Re♭m7   Rem7

Re#m7/Mi♭m7   Mim7   Fam7   Fa#m7/Sol♭m7   Solm7   Sol#m7/La♭m7

Menor, séptima mayor

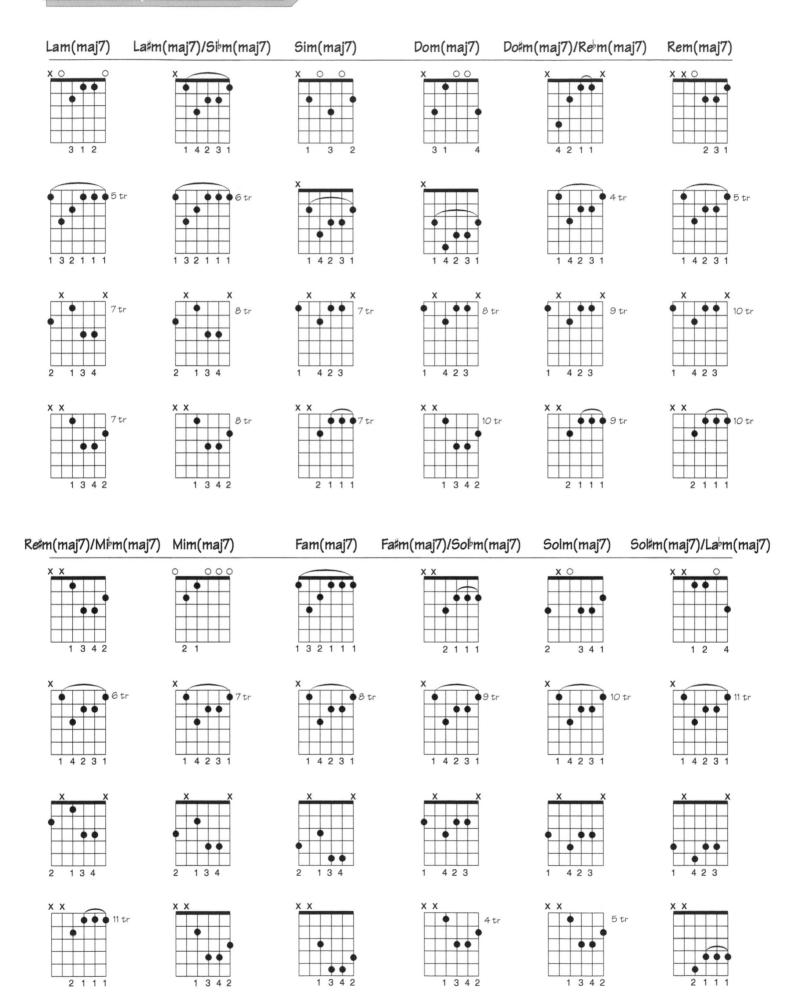

Séptima mayor, quinta bemol

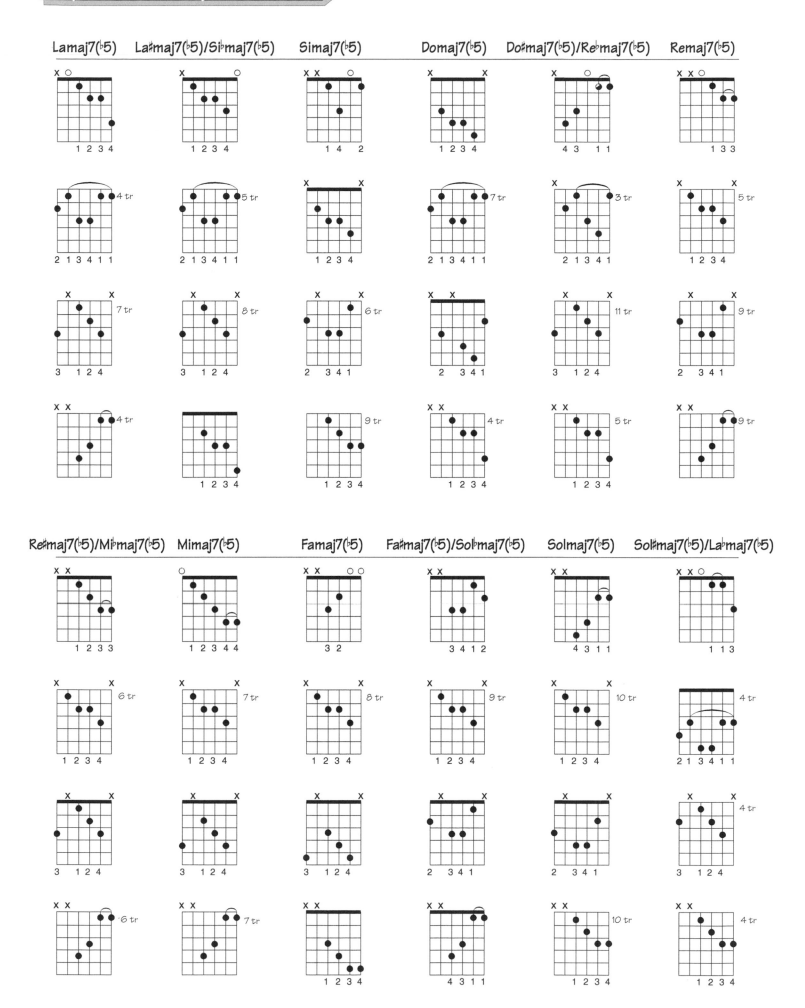

Séptima menor, quinta bemol

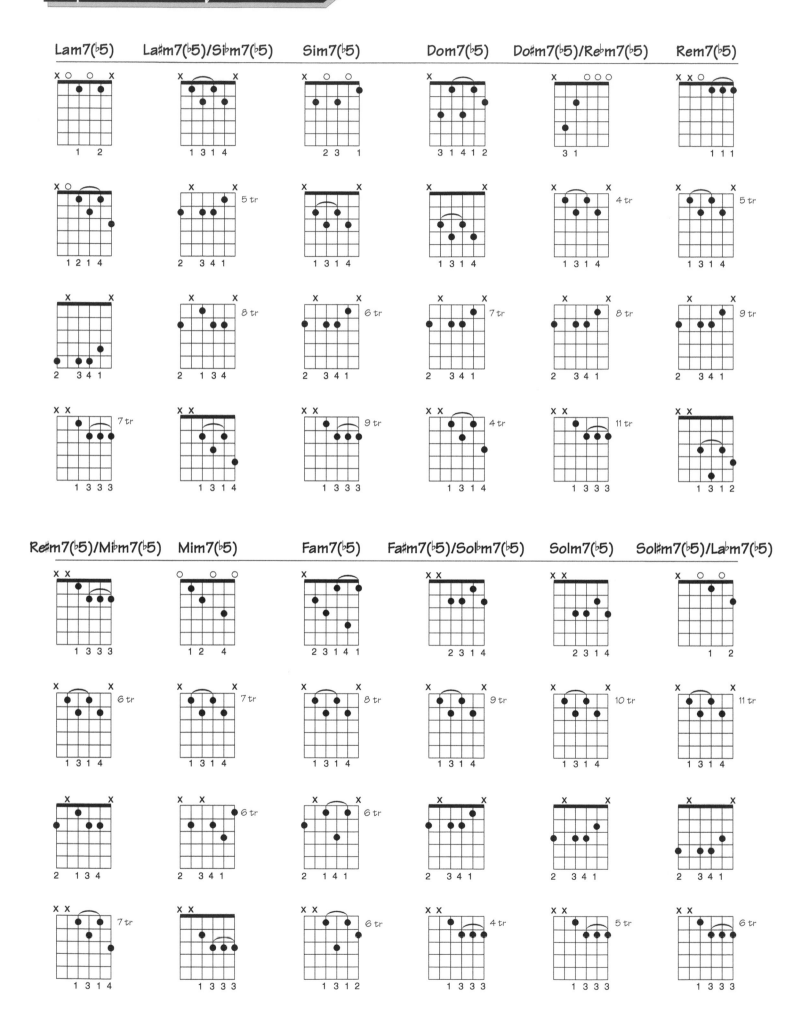

Séptima aumentada

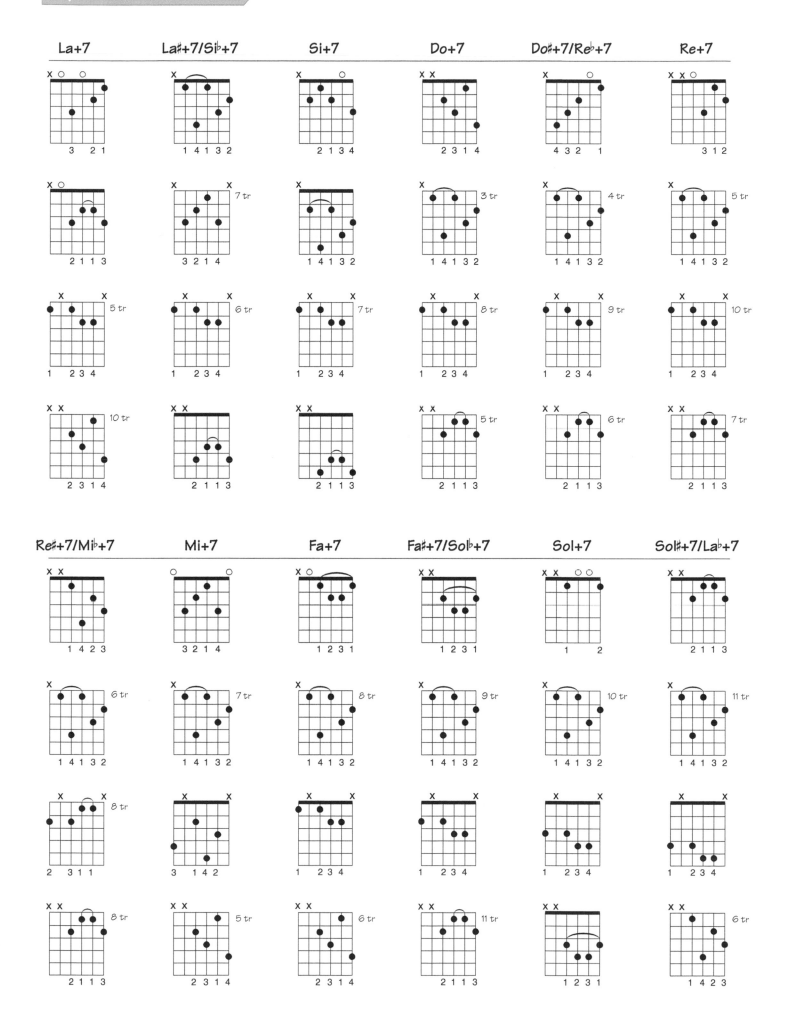

Séptima, quinta bemol

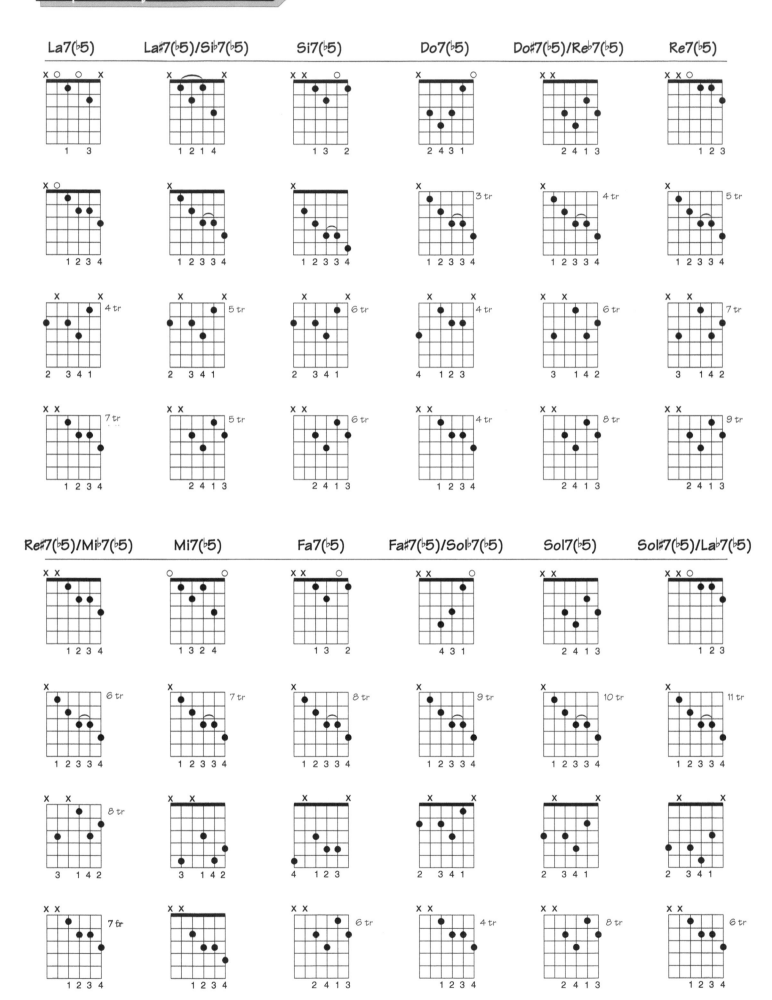

Séptima, novena bemol

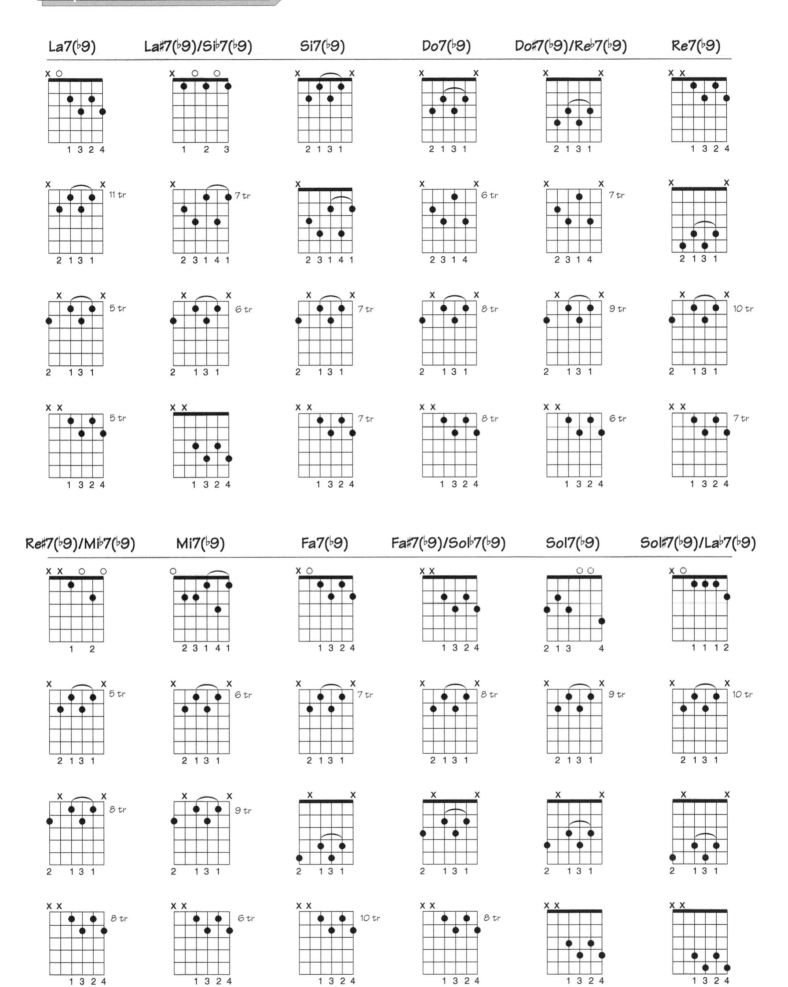

La7(♭9)   La#7(♭9)/Si♭7(♭9)   Si7(♭9)   Do7(♭9)   Do#7(♭9)/Re♭7(♭9)   Re7(♭9)

Re#7(♭9)/Mi♭7(♭9)   Mi7(♭9)   Fa7(♭9)   Fa#7(♭9)/Sol♭7(♭9)   Sol7(♭9)   Sol#7(♭9)/La♭7(♭9)

33

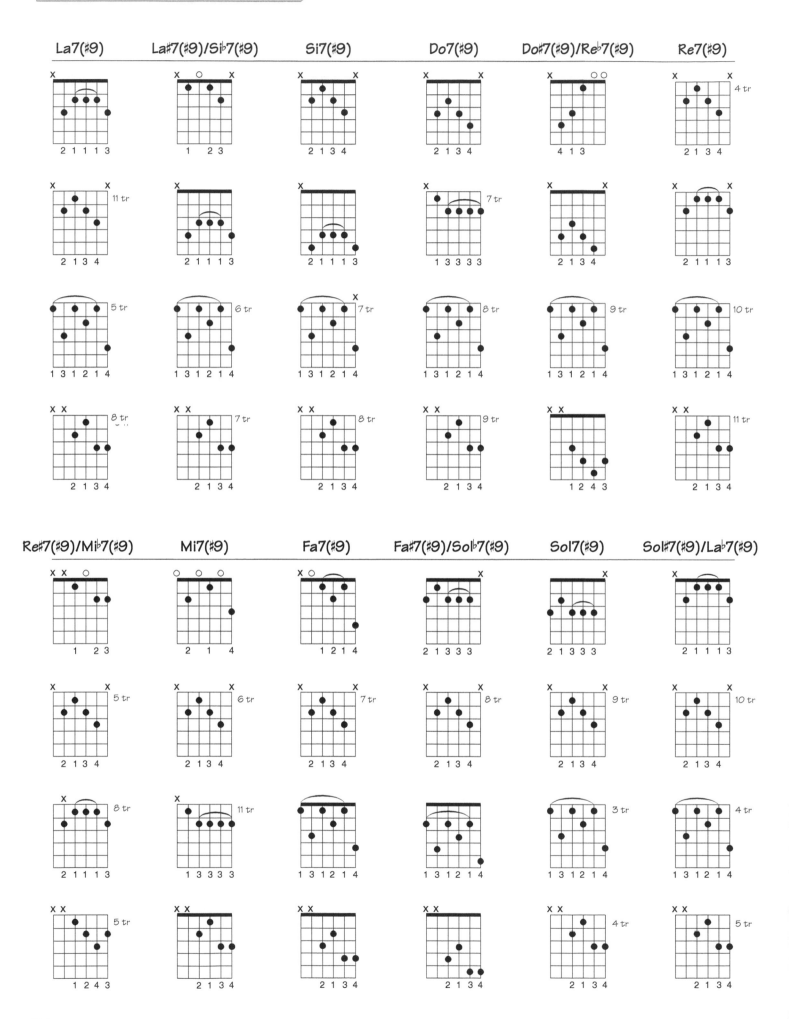

Séptima aumentada, novena bemol

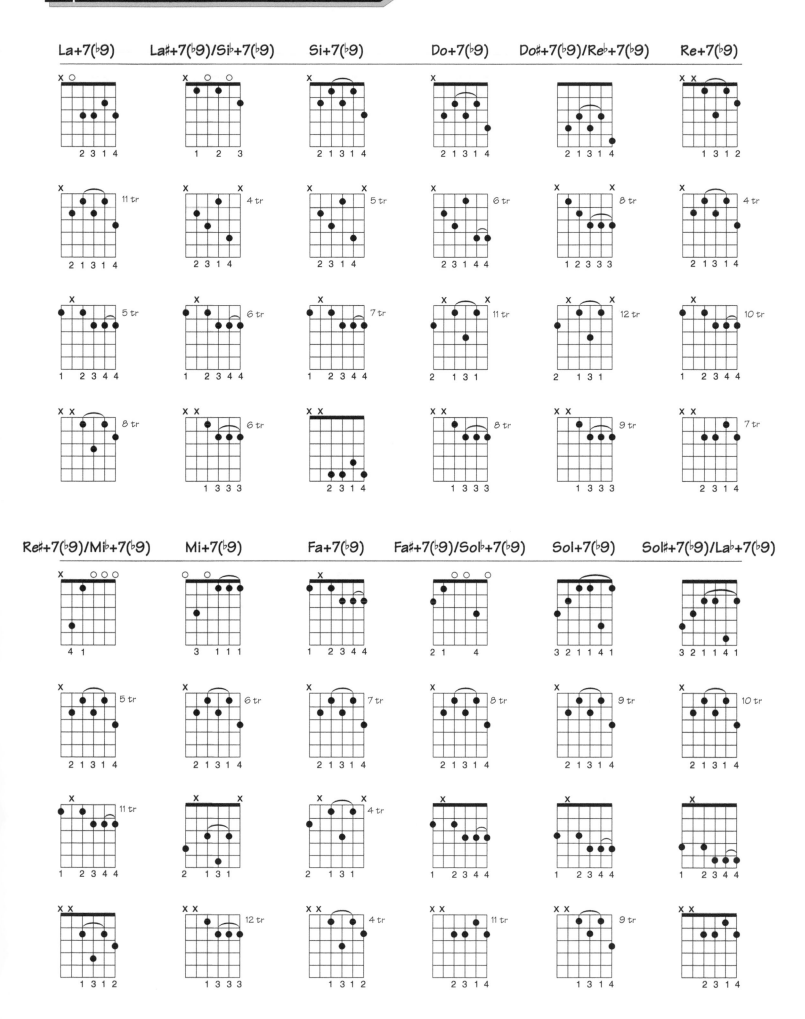

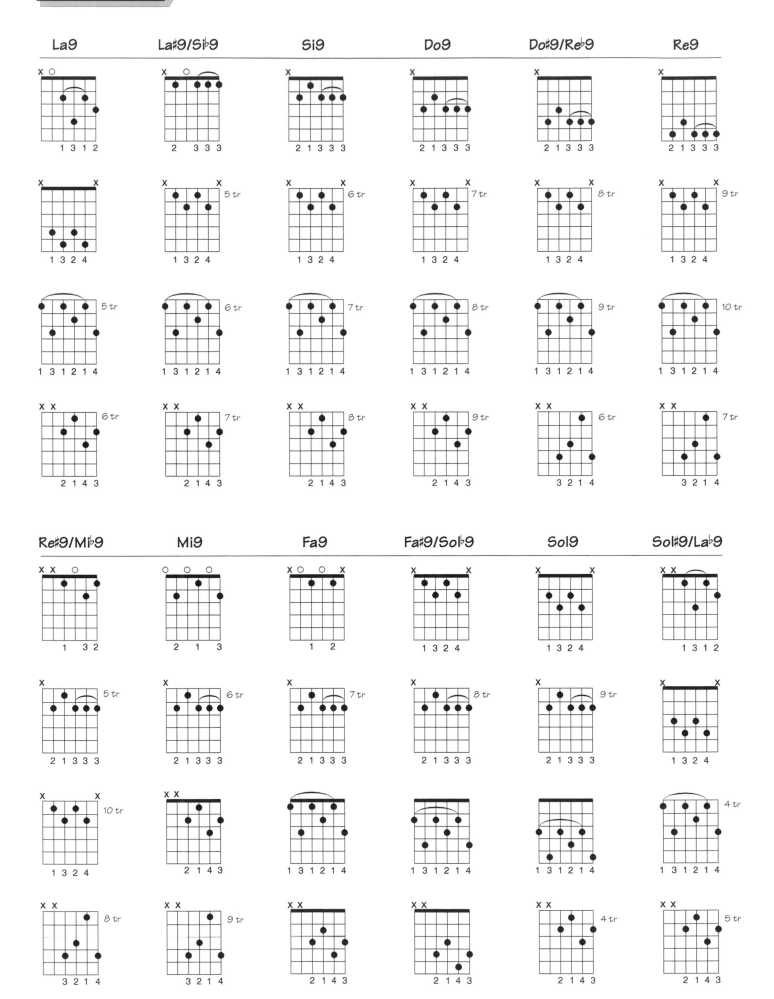

Novena mayor

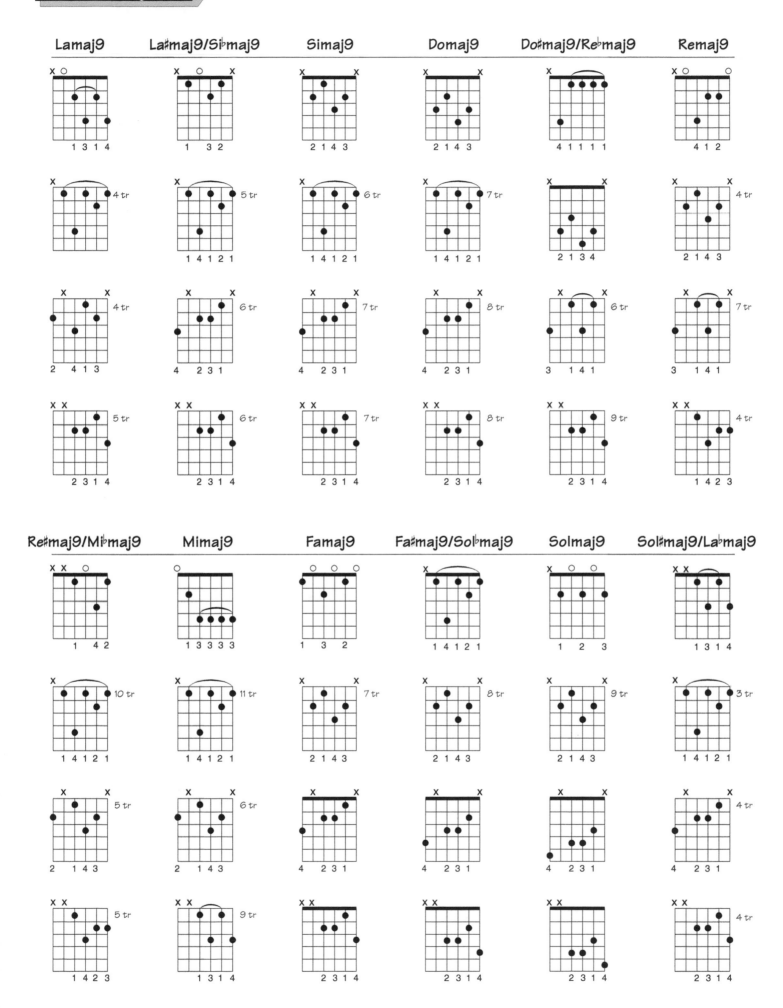

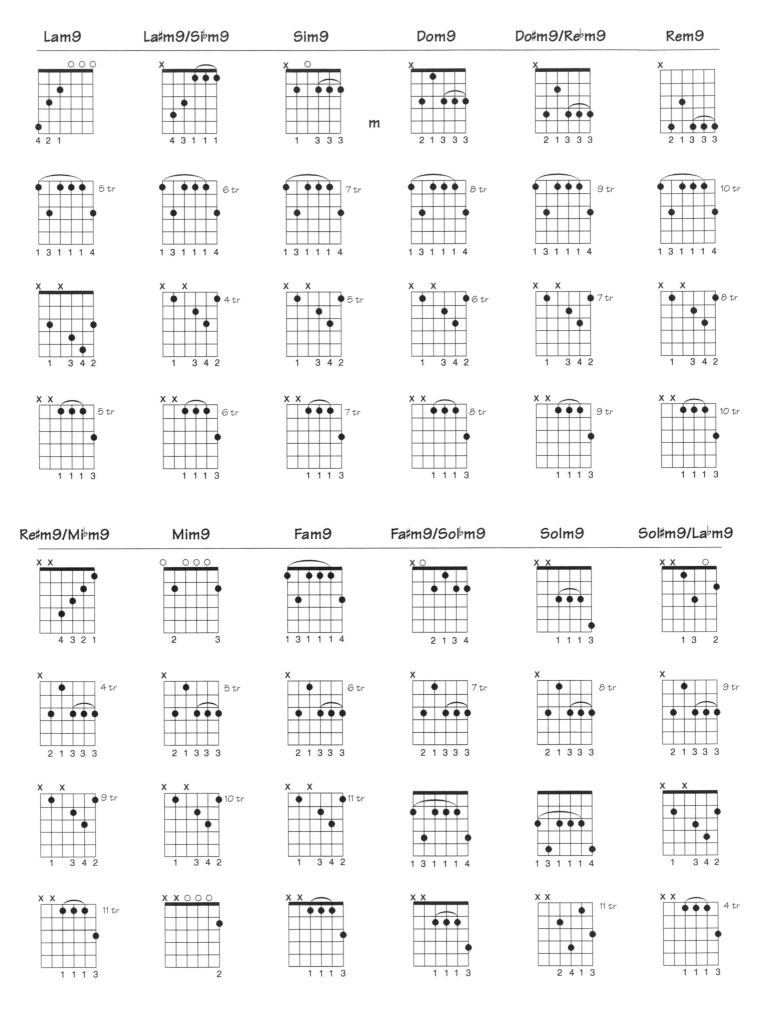

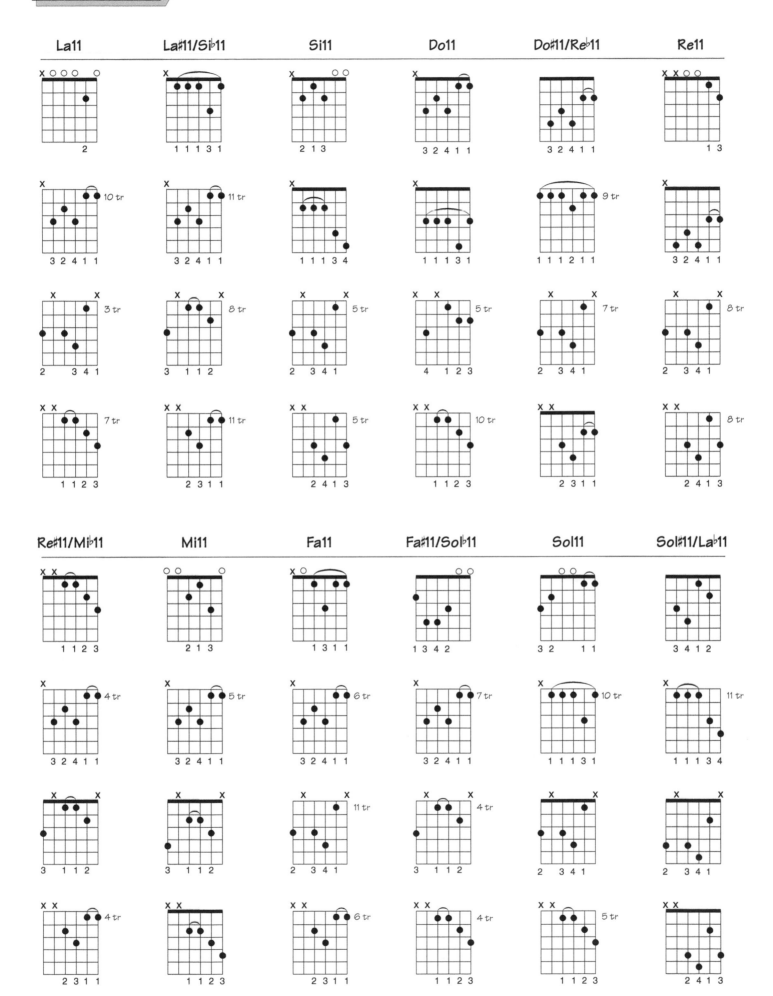

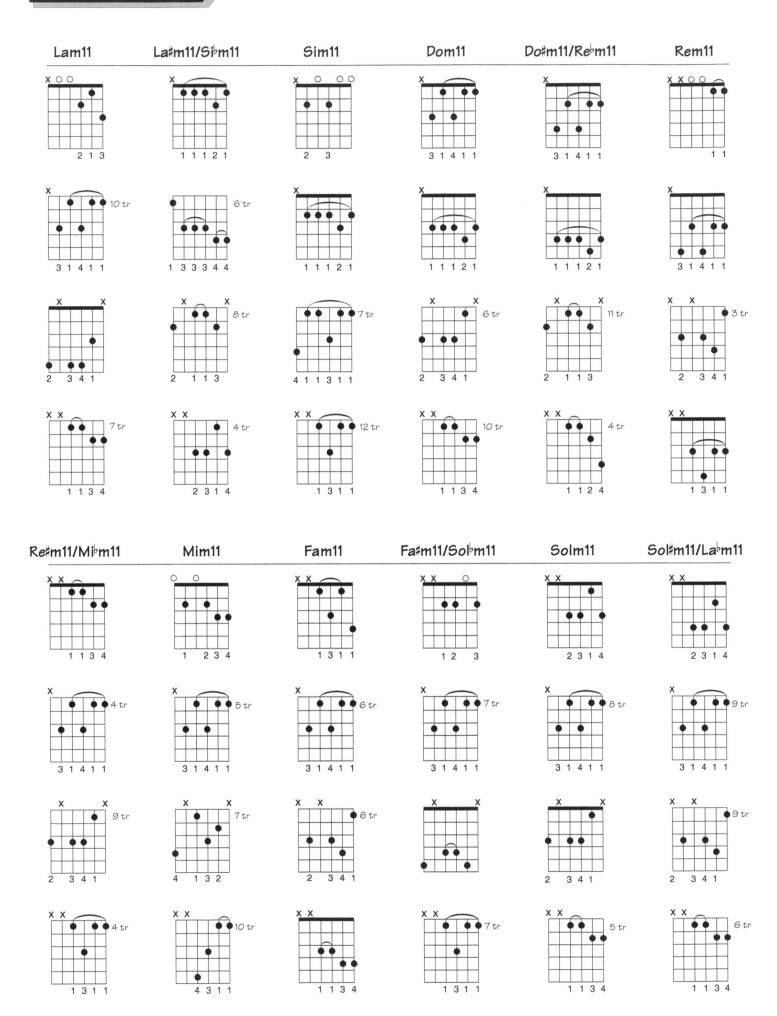

Decimotercera

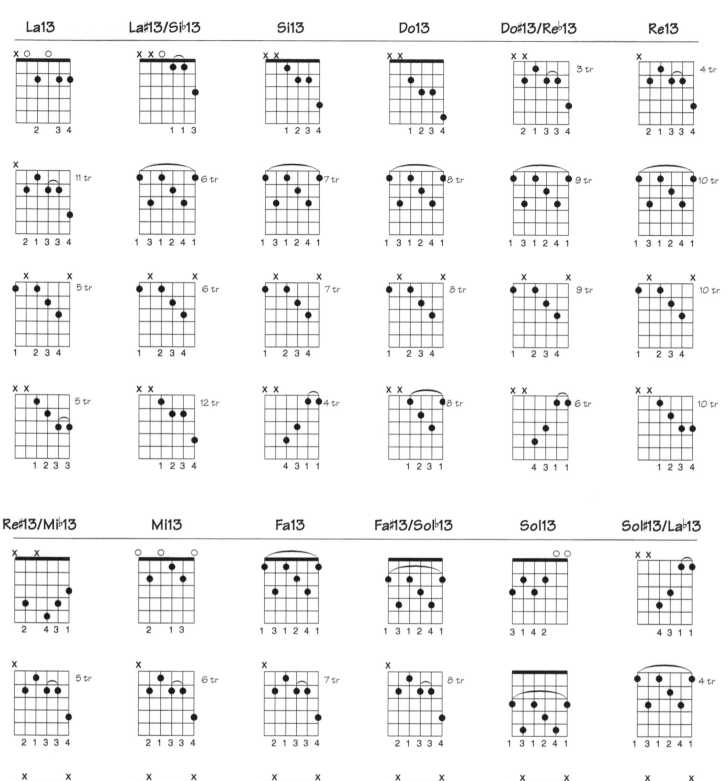

La13   La#13/Si♭13   Si13   Do13   Do#13/Re♭13   Re13

Re#13/Mi♭13   Mi13   Fa13   Fa#13/Sol♭13   Sol13   Sol#13/La♭13

ESCALAS

ESCALAS

Escala (de L. *scala*, escalera): una progresión de notas en un orden específico.

Es muy importante conocer las escalas, especialmente cuando se trata de tocar un solo. Esta sección es una referencia fácil para formar, localizar y tocar todas las escalas principales en la guitarra. Al final de esta sección, estarás usando escalas para usar en la "Improvisación de jazz" del CD.

Ingredientes esenciales...

Te hemos dado tres caminos para formar (o "deletrear") cada escala:

1. Patrón del tono   (por ej. W–H–W–W–H–W+H–H)

Este patrón te indica cuántos tonos avanzar de un tono de la escala al siguiente, usando abreviaturas para el tono (W), medio tono (H) y un tono y medio (W+H). Simplemente comienza en una nota y avanza en consecuencia.

Este es un ejemplo comenzando desde la nota fundamental La:

patrón del tono	=	W–W–H–W–W–W–H
resultado	=	La–Si–Do♯–Re–E–F♯–G♯–La

2. Fórmula   (por ej. 1–2–♭3–4–5–♭6–7–1)

Toma los números de la fórmula (que corresponden a un tono de la escala mayor en particular) y altéralos como se indica para los bemoles o sostenidos. Prueba esta...

escala mayor La	=	La–Si–Do♯–Re–Mi–Fa♯–Sol♯–La
fórmula	=	1–2–♭3–4–5–♭6–7–1
resultado	=	La–Si–Do–Re–Mi–Fa–Sol–La

> IMPORTANTE: estas fórmulas siempre se basan en la **escala mayor** (incluido cualquier sostenido o bemol), no solamente en los nombres de las letras de las notas. Eso quiere decir que 3, para la clave de Mi mayor, es en realidad Sol♯ (no Sol). Entonces, si la fórmula indica ♭3, toca Sol (medio tono menor que Sol♯), no Sol♭.

3. Nombres de las notas   (por ej. La–Si–Do–Re–Mi–Fa–Sol–La)

Aunque no tenemos espacio para mostrarte todas las escalas con las doce notas fundamentales (¡en realidad diecisiete si contamos las enarmónicas!), los nombres de las notas que se muestran están relacionadas con la nota fundamental utilizada. Por supuesto, una escala formada a partir de una nota fundamental diferente tendrá una lista diferente de nombres de notas.

Organicémonos...

En este libro, se brindan muchas ubicaciones en el mástil de trastes para cada escala. Usa la que te resulte más cómoda (¡o memorízalas todas!).

Sistema CAGED (Do-La-Sol-Mi-Re)

La digitación en este sistema generalmente aplica la regla de un dedo por traste, permaneciendo dentro de una posición específica de cuatro trastes. En algunos casos, tal vez debas extenderte de la posición un traste más arriba o más abajo de esta posición básica. (¡Trata de no lastimarte!).

Para cada escala se brindan dos patrones movibles, uno con su fundamental en la sexta cuerda, el otro con la fundamental en la quinta cuerda. (Para obtener más información sobre **patrones movibles**, consulta la página 46).

Sistema de tres notas por cuerda

Estos requieren un poco más de estiramiento pero generalmente abarcan 2 1/2 octavas completas. Para cada escala se brindan dos digitaciones movibles. De nuevo, una con una fundamental en la sexta cuerda y otra con una fundamental en la quinta cuerda.

Sistema horizontal

Dependiendo de la escala, se encuentran ya sea en escalas móviles o en patrones de cuatro notas por cuerda. Las digitaciones en este sistema se separan hasta 16 trastes (¡ouch!), pero son útiles para tratar de conectar áreas distantes del mástil de trastes o para pasar suavemente de una posición a otra.

Como en los sistemas **CAGED** y en los de **tres notas por cuerdas**, en el sistema **horizontal** existen dos patrones movibles que acompañan cada escala.

¡Entra en sintonía!

La práctica de las escalas requiere que ambas manos trabajen juntas en perfecta sincronización. Toca cada nota en forma clara y precisa y asegúrate de usar la púa y de tocar con los dedos cada nota exactamente al mismo tiempo. Siempre recuerda usar la **púa en forma alternada** (golpes descendentes y ascendentes sucesivos) para evitar una excesiva tensión en la mano.

> **TIP DE PRÁCTICA:** asegúrate de tocar cada escala hacia adelante y luego hacia atrás. Y, como siempre, comienza despacio y aumenta la velocidad en forma gradual a medida que adquieras confianza.

PATRONES MOVIBLES

Todos los patrones de la escala que se presentan en este libro son **movibles,** es decir que pueden cambiarse fácilmente hacia arriba o hacia abajo del diapasón para acomodar cualquier clave o nota fundamental. Para hacer esto, recuerda las notas fundamentales oscurecidas:

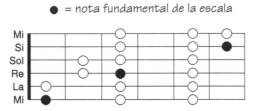

Puedes usar cualquiera de estas notas fundamentales como punto de referencia para patrones móviles. Sin embargo, las fundamentales ubicadas en la quinta y sexta cuerdas son, por lo general, los lugares más fáciles para empezar.

Para tocar el patrón de la escala en cualquier clave particular, tienes que unir una de las notas fundamentales a su respectiva nota en el diapasón. (Por ejemplo, la clave de Do tiene una nota fundamental de Do). El resto del patrón sigue en consecuencia; es tan simple como cambiar la forma.

Revisa el ejemplo a continuación:

Patrón movible de escala mayor	Traste inicial (traste en el que se encuentra la fundamental)	Escala que se forma
	1º traste	escala Fa mayor
	3ero traste	escala Sol mayor
	6to traste	escala Si♭ mayor
	10to traste	escala Re mayor
	12to traste	escala Mi mayor

Imagínate esto...

Usa el **Gráfico de diapasón de la guitarra** que aparece debajo para ayudarte a ubicar rápidamente todas las notras dentro de los primeros doce trastes. Tal como se describió en la página anterior, este gráfico será especialmente útil a medida que uses los patrones de escala movibles en las páginas subsiguientes.

CUERDAS

6to 5to 4to 3ero 2do 1º

Mi La Re Sol Si Mi

TRASTES	6to	5to	4to	3ero	2do	1º
abierto	Mi	La	Re	Sol	Si	Mi
primer traste	Fa	La#/Sib	Re#/Mib	Sol#/Lab	Do	Fa
segundo traste	Fa#/Solb	Si	Mi	La	Do#/Reb	Fa#/Solb
tercer traste	Sol	Do	Fa	La#/Sib	Re	Sol
cuarto traste	Sol#/Lab	Do#/Reb	Fa#/Solb	Si	Re#/Mib	Sol#/Lab
quinto traste	La	Re	Sol	Do	Mi	La
sexto traste	La#/Sib	Re#/Mib	Sol#/Lab	Do#/Reb	Fa	La#/Sib
séptimo traste	Si	Mi	La	Re	Fa#/Solb	Si
octavo traste	Do	Fa	La#/Sib	Re#/Mib	Sol	Do
noveno traste	Do#/Reb	Fa#/Solb	Si	Mi	Sol#/Lab	C#/Reb
décimo traste	Re	Sol	Do	Fa	La	Re
undécimo traste	Re#/Mib	Sol#/Lab	Do#/Reb	Fa#/Solb	La#/Sib	Re#/Mib
duodécimo traste	Mi	La	Re	Sol	Si	Mi

Eso es todo... ¡buena suerte!

MAYOR

La escala más común que se usa en música es la escala mayor, ¡así que apréndela bien! Consiste en ocho notas consecutivas, ascendentes o descendentes.

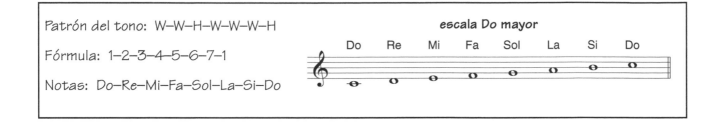

Patrón del tono: W–W–H–W–W–W–H

Fórmula: 1–2–3–4–5–6–7–1

Notas: Do–Re–Mi–Fa–Sol–La–Si–Do

escala Do mayor

Do Re Mi Fa Sol La Si Do

☞ IMPORTANTE: los patrones de escala que se tocaron en la guitarra contemplan todas las notas dentro de una determinada área del diapasón. En otras palabras, las notas en la escala están repetidas en diferentes octavas para que la digitación sea más completa y práctica.

Sistema CAGED

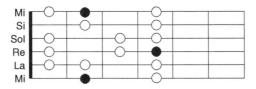
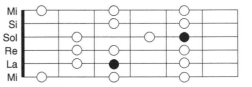

Sistema de tres notas por cuerda

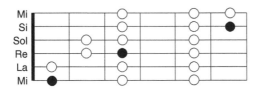
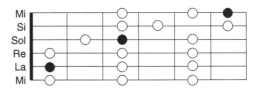

Sistema horizontal

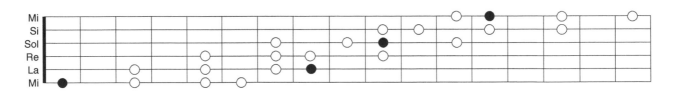

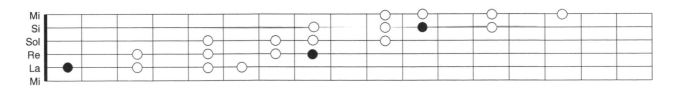

MENOR

Esta escala se usa en casi todos los estilos de la música del oeste. A veces se hace referencia a ella como la "menor pura", "menor relativa" o "modo eólico".

Patrón del tono: W–H–W–W–H–W–W

Fórmula: 1–2–♭3–4–5–♭6–♭7–1

Notas: Do–Re–Mi♭–Fa–Sol–La♭–Si♭–Do

escala Do menor natural

Sistema CAGED

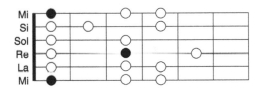

Sistema de tres notas por cuerda

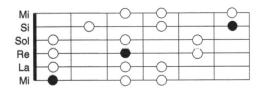
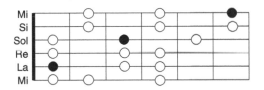

Sistema horizontal

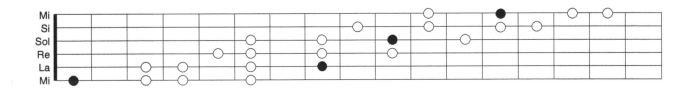

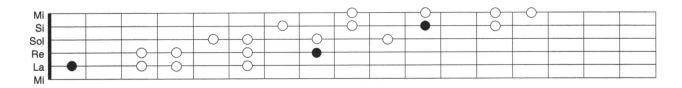

MENOR ARMÓNICA

Esta escala brinda otro tipo de escala menor alternativa y es muy común en la música clásica.

Patrón del tono: W–H–W–W–H–W+H–H

Fórmula: 1–2–♭3–4–5–♭6–7–1

Notas: Do–Re–Mi♭–Fa–Sol–La♭–Si–Do

escala Do menor armónica

Sistema CAGED

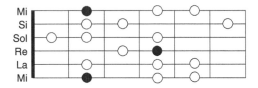
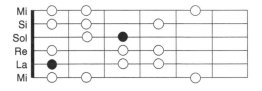

Sistema de tres notas por cuerda

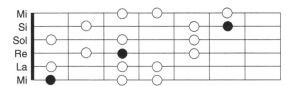
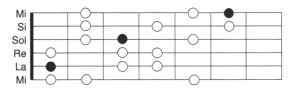

Sistema horizontal

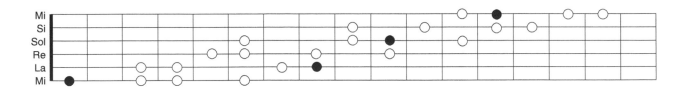

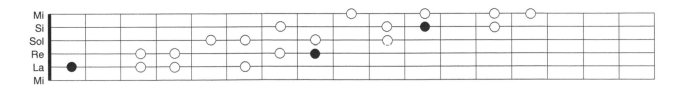

MENOR MELÓDICA

Esta escala también puede usarse en acordes menores y comúnmente se la conoce como la escala "menor de jazz".

Patrón del tono: W–H–W–W–W–W–H

Fórmula: 1–2–♭3–4–5–6–7–1

Notas: Do–Re–Mi♭–Fa–Sol–La–Si–Do

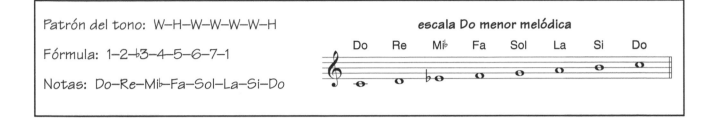

escala Do menor melódica

Sistema CAGED

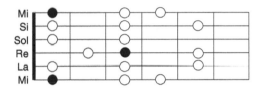
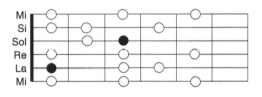

Sistema de tres notas por cuerda

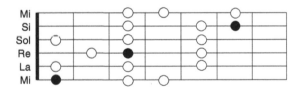
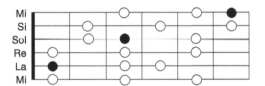

Sistema horizontal

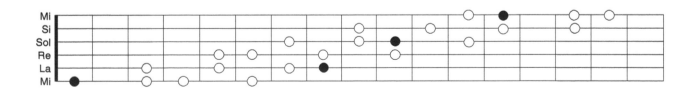

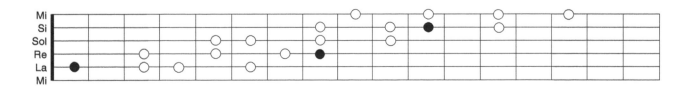

PENTATÓNICA MENOR

Esta es, sin ninguna duda, la escala dominante que usan los músicos de rock y blues. Como sugiere su nombre ("penta" significa cinco), esta escala contiene solamente cinco notas diferentes.

Patrón del tono: W+H—W—W—W+H—W

Fórmula: 1—♭3—4—5—♭7—1

Notas: Do—Mi♭—Fa—Sol—Si♭—Do

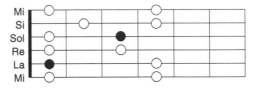

escala Do pentatónica menor

Sistema CAGED

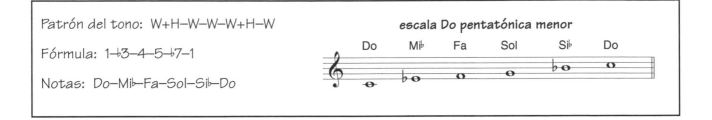

Sistema de tres notas por cuerda

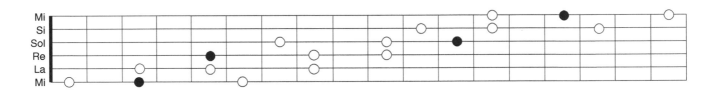

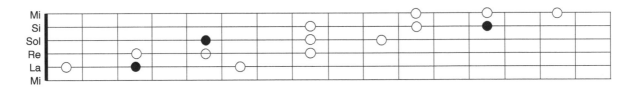

Sistema horizontal

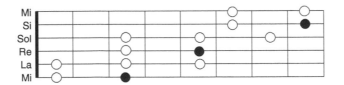

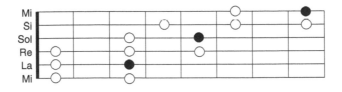

PENTATÓNICA MAYOR

Esta es otra escala de 5 notas ("pentatónica") común en muchos estilos de música. Tiene un sonido "brillante" que se presta especialmente bien para la música country.

Patrón del tono: W–W–W+H–W–W+H

Fórmula: 1–2–3–5–6–1

Notas: Do–Re–Mi–Sol–La–Do

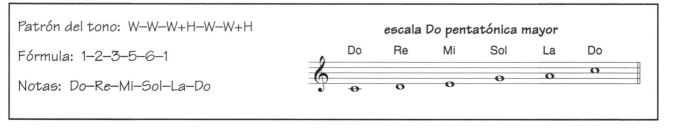

escala Do pentatónica mayor

Sistema CAGED

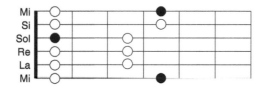
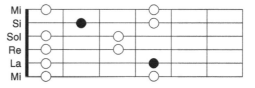

Sistema de tres notas por cuerda

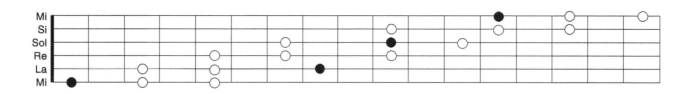

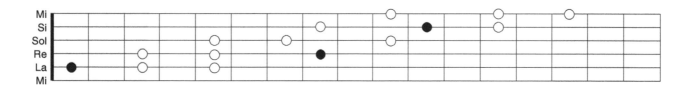

Sistema horizontal

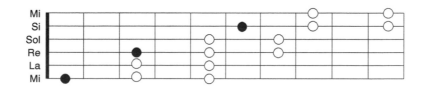

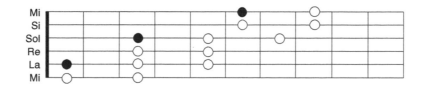

BLUES

La escala de blues es común en el jazz, el rock, y (¡adivinaste!) en el **blues**. Contiene una nota de blues agregada (♭5) de la escala pentatónica menor pero tiene sólo seis notas.

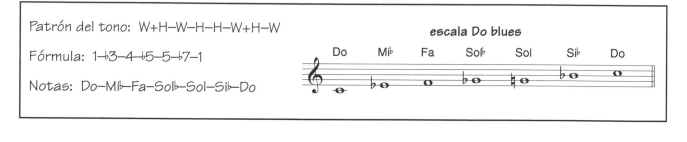

Patrón del tono: W+H–W–H–H–W+H–W

Fórmula: 1–♭3–4–♭5–5–♭7–1

Notas: Do–Mi♭–Fa–Sol♭–Sol–Si♭–Do

escala Do blues

Do   Mi♭   Fa   Sol♭   Sol   Si♭   Do

Sistema CAGED

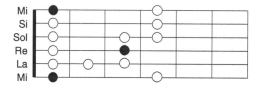
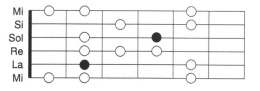

Sistema de tres notas por cuerda

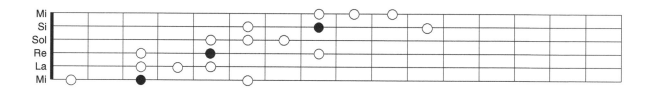

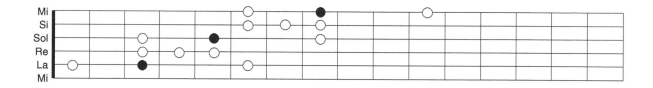

Sistema horizontal

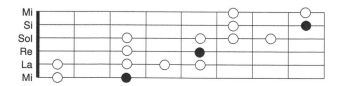

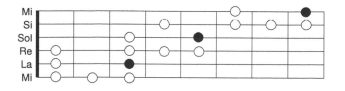

DISMINUIDA

Esta escala es popular en el jazz y el metal pesado (¡afínala!). NOTA: no es un error de tipeo, realmente exiten ocho sonidos diferentes en esta escala.

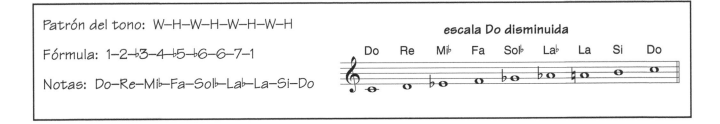

Patrón del tono: W–H–W–H–W–H–W–H

Fórmula: 1–2–♭3–4–♭5–♭6–6–7–1

Notas: Do–Re–Mi♭–Fa–Sol♭–La♭–La–Si–Do

escala Do disminuida

Do Re Mi♭ Fa Sol♭ La♭ La Si Do

Sistema CAGED

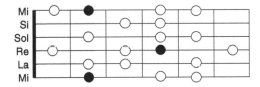

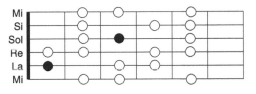

Sistema de tres notas por cuerda

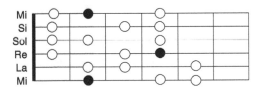

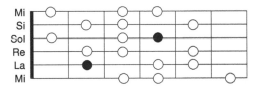

Sistema horizontal

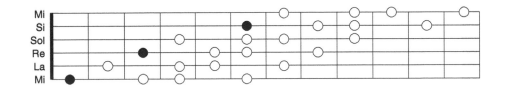

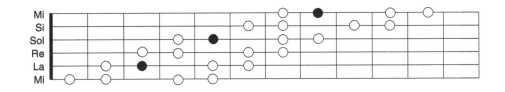

MODOS

Los modos son como escalas; cada uno usa un patrón específico de tonos y medios tonos. La diferencia está en que un modo no está relacionado con la clave de su nota fundamental. Eso quiere decir que un modo dórico formado en Do no está en la clave de Do. Los siete modos en la práctica común de hoy derivan de las siete notas de la escala mayor:

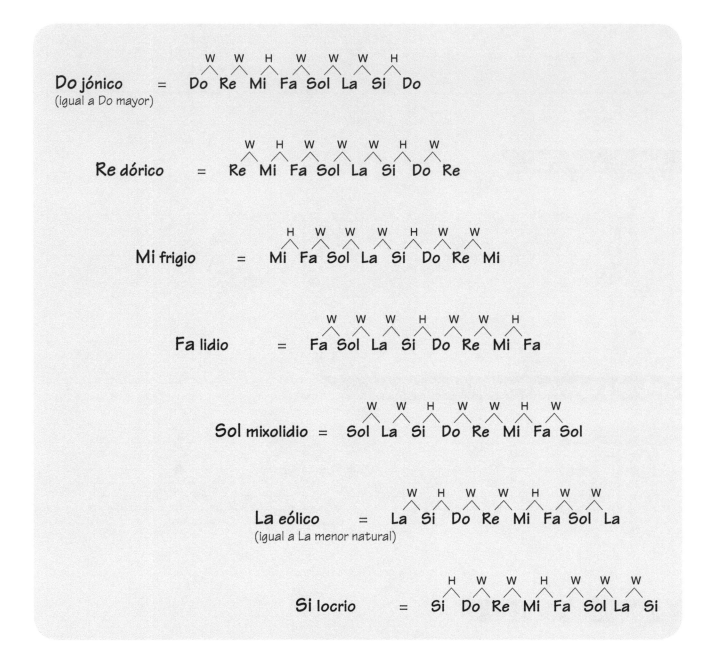

Como puedes ver, cada modo es en realidad una variación de la escala mayor. Difieren solamente en el arreglo de los intervalos.

La siguiente página te brinda dos patrones aptos para cada uno de los siete modos...

Jónico

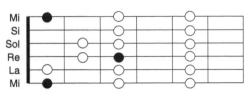 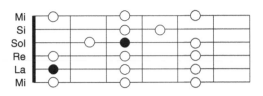

Dórico

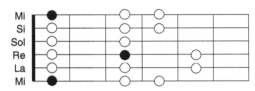 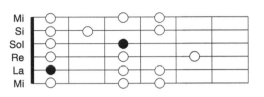

Frigio

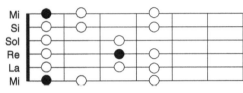 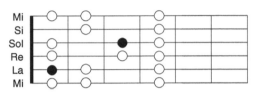

Lidio

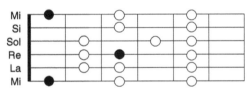 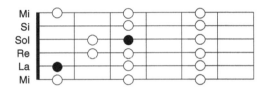

Mixolidio

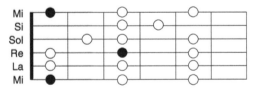 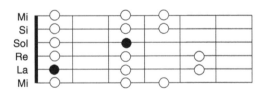

Eólico

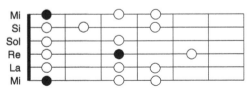 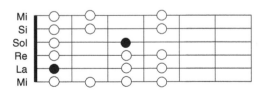

Locrio

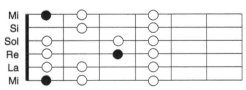 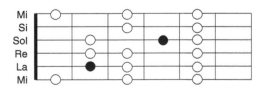

IMPROVISACIÓN
DE JAZZ

IMPROVISACIÓN DE JAZZ

Es horar de cobrar la entrada...

¡Es momento de usar los acordes y escalas de este libro y hacer **música de verdad**! Esta sección te brinda veinte progresiones de acordes que se encuentran en varios estilos de música. Toca junto con el Audio. Puedes seguir los cifrados de los acordes y rasguearlos al mismo tiempo, o bien usar las escalas sugeridas para practicar la improvisación.

De cualquier forma, toma tu instrumento, ¡y a improvisar!

RECORDATORIO: los íconos de audio que acompañan a cada ejemplo te recuerdan que hay audio correspondiente en línea.

 ### Balada celestial

escalas sugeridas: Sol mayor, Sol pentatónica mayor, Mi pentatónica menor

| Sol | Re | Do | Re | *tocar 8 veces* | Sol |

 ### Medium rock

escalas sugeridas: Mi menor, Mi pentatónica menor

| Mim | Re | Do | | *tocar 8 veces* | Mim |

Muro de la fama

escalas sugeridas: Re menor, Re pentatónica menor, Re blues

| Rem | La5 Do5 Solm | *tocar 8 veces* |

Salvaje y loco

escalas sugeridas: La pentatónica menor, La blues

| La5 Re5 Mi5 Re5 La5 | *tocar 8 veces* |

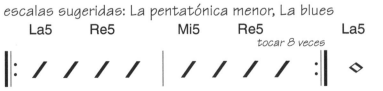

Mezcla de bandeja

escalas sugeridas: Mi blues, Mi pentatónica menor

Mi ||: / / / / | / / / / | / / / / | / / / / | La / / / / | / / / / |

Mi / / / / | / / / / | Si / / / / | La / / / / | Mi / / / / | Si / / / / :|| *tocar 3 veces* Mi ◇ ||

Pop genérico

escalas sugeridas: Do mayor, Do pentatónica mayor

Do   Lam   Fa   Sol   *tocar 8 veces*   Do

||: / / / / | / / / / :|| ◇ ||

Sentimiento funky

escalas sugeridas: Mi blues, Mi pentatónica menor

Mi9   La9   *tocar 8 veces*   Mi9

||: / / / / | / / / / :|| ◇ ||

Sin parar

escalas sugeridas: Sol mayor, Sol pentatónica mayor

Sol   Do   Lam   Re   *tocar 8 veces*   Sol

||: / / / / | / / / / :|| ◇ ||

Jazz suave

escalas sugeridas: Fa mayor, Fa pentatónica mayor

Famaj7   Sibmaj7   Solm7   Reo7   *tocar 8 veces*   Famaj7

||: / / / / | / / / / | / / / / | / / / / :|| ◇ ||

Horas extra

escalas sugeridas: Do blues, Do pentatónica menor

Do   Sib   Fa   Do   *tocar 8 veces*   Do

||: / / / / | / / / / | / / / / | / / / / :|| ◇ ||

¡No te detengas! Da vuelta la página...

Sueño de Nashville

escalas sugeridas: Do pentatónica mayor, Do mayor

Do   Mi

‖: / / / / | / / / / | / / / / | / / / / |

Sol   Do   Sol   *tocar 4 veces*   Do

| / / / / | / / / / | / / / / | / / / / :‖ ◇ ‖

Rock pesado

escalas sugeridas: Mi dórica, Mi pentatónica menor

Mim   Sol   La   *tocar 8 veces*   Mim

‖: / / / / | / / / / :‖ ◇ ‖

Gato callejero

escalas sugeridas: (primeras tres compases): La menor, La pentatónica menor
escalas sugeridas: (cuarto compás): La armónica menor

Lam   Sol   Fa   Mi   *tocar 8 veces*   Lam

‖: / / / / | / / / / | / / / / | / / / / :‖ ◇ ‖

Fusión

escalas sugeridas: Do frigio, Do pentatónica menor

Dom7   Re♭maj7   *tocar 16 veces*   Dom7

‖: / / / / | / / / / :‖ ◇ ‖

Al sur de la frontera

escalas sugeridas: Sol blues, Sol menor, Sol pentatónica menor, Sol menor armónica

Solm7   Lam7♭5 Re7♭9   Solm7
                                     tocar 8 veces

‖: / / / / | / / / / :‖ ◇ ‖

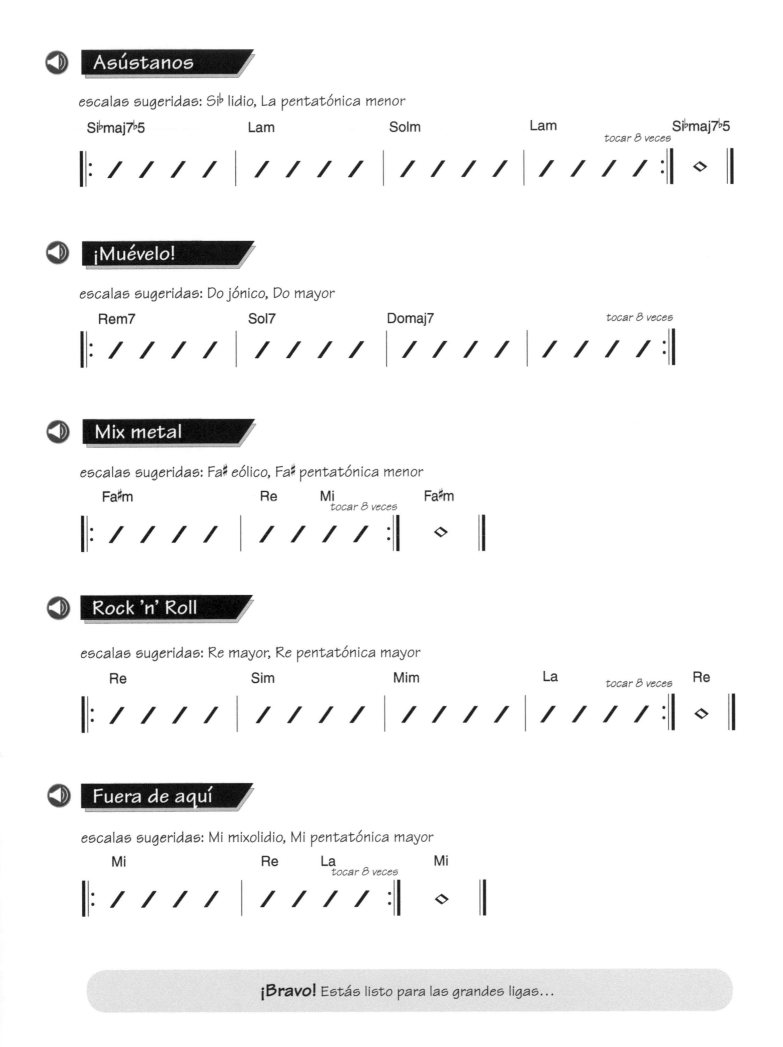

Asústanos

escalas sugeridas: Si♭ lidio, La pentatónica menor

Si♭maj7♭5   Lam   Solm   Lam   *tocar 8 veces*   Si♭maj7♭5

¡Muévelo!

escalas sugeridas: Do jónico, Do mayor

Rem7   Sol7   Domaj7   *tocar 8 veces*

Mix metal

escalas sugeridas: Fa♯ eólico, Fa♯ pentatónica menor

Fa♯m   Re   Mi   *tocar 8 veces*   Fa♯m

Rock 'n' Roll

escalas sugeridas: Re mayor, Re pentatónica mayor

Re   Sim   Mim   La   *tocar 8 veces*   Re

Fuera de aquí

escalas sugeridas: Mi mixolidio, Mi pentatónica mayor

Mi   Re   La   *tocar 8 veces*   Mi

¡**Bravo!** Estás listo para las grandes ligas...